Thomas Siemon
Hans-Jürgen Bodden
Kassel zu Fuß

Thomas Siemon, Hans-Jürgen Bodden

Die schönsten Spaziergänge

Kassel zu Fuß

societäts\verlag

INHALT

61

21

31

47

70

126

81

37

114

KASSEL

Durch das Scannen des QR-Codes werden Sie auf unsere Website geleitet (alternativ dazu finden Sie hier den Link: https://societaets-verlag.de/kassel-zu-fuss/). Mit dem Passwort KasselEntdecken! erhalten Sie Zugriff auf den geschützten Bereich. Dort können Sie die gewünschten Tracks kostenfrei herunterladen und mit einem Endgerät Ihrer Wahl auslesen lassen.

Sämtliche Tracks wurden von den Autoren und dem Verlag nach bestem Wissen und Gewissen überprüft. Dennoch können wir Fehler und Abweichungen leider nicht ausschließen, beispielsweise, wenn sich Gegebenheiten vor Ort verändern.

Auf den Spuren
der documenta
PHILIPPINENHOF-
WARTEBERG
Henschel, Universität
und Nordstadtpark
UNGFERN-
KOPF
WOLFSANGER-
HASENHECKE
FASANEN-
HOF
NORD-
HOLLAND
ROTHEN-
DITMOLD
WESER-
TOR
Von Schnugge und
Schmeggewöhlerchen
1
11
VORDERER
WESTEN
MITTE
An der Fulda entlang
(einerseits)
2
5
3
UNTER-
NEU-
STADT
WEHL-
HEIDEN
9
BETTENHAUSEN
4
SÜDSTADT
6
FORSTFELD
WALDAU
Auf den Spuren
der Grimms
NIEDER-
ZWEHREN
An der Fulda entlang
(andererseits)
7
Vom Königsplatz zum
Brüder-Grimm-Platz
Vom Weinberg in die Karlsaue
Das Märchenviertel in Niederzwehren

VORWORT

Zunächst einige Informationen, die Ihnen, liebe Leserinnen und Leser, den Umgang mit diesem Buch etwas erleichtern sollen. Das Buch soll Lust machen, in dieser Stadt zu Fuß auf Entdeckungsreise zu gehen. Die Geschichte Kassels wird dabei sicherlich nicht zu kurz kommen. Gleichwohl ist dieses Buch kein Geschichtsbuch. Das heißt, wir haben uns bei den einzelnen Spaziergängen mit Jahreszahlen und Namen von Persönlichkeiten, die hier gelebt und gewirkt haben, bewusst zurückgehalten.

Wenn Sie – und das ist ja der Sinn dieses Buchs – zu Fuß in dieser Stadt unterwegs sind, werden Sie unweigerlich auch mit deren Einwohnern in Kontakt kommen. Hierbei sind folgende (nicht ganz ernst gemeinte!) Hinweise sicherlich hilfreich; wir teilen die Einwohner sozusagen in drei Kategorien ein:

Es gibt die Kasseler – das sind die Zugereisten, also Menschen, die es irgendwann einmal nach Kassel verschlagen hat, und die bald festgestellt haben: Diese Stadt ist gar nicht so schlimm wie der Ruf, der ihr lange Zeit vorauseilte.

Dann kommen die Kasselaner. Menschen, die zwar in dieser Stadt geboren sind, deren Eltern aber nicht aus Kassel stammen.

Jetzt kommen wir zur dritten Gruppe – den Kasselänern. Sie sind nicht nur selbst in Kassel geboren, auch ihre Eltern stammen von hier, vielleicht sogar noch die Großeltern. Der Kasseläner gilt gemeinhin als etwas verschlossen, vielleicht sogar unnahbar. Als Tourist in dieser Stadt hat man aber den nicht zu unterschätzenden Vorteil, dass man einen Kasseläner relativ schnell erkennt. Am Gesichtsausdruck nämlich. Die Mundwinkel des Kasseläners hängen meistens deutlich nach unten, sie folgen sozusagen den Gesetzen der Schwerkraft. Eine Mimik also, die von weinerlich bis übelgelaunt reicht. Dazwischen ist alles denkbar. Wer will mit so jemandem schon in Kontakt kommen? Aber es gibt ein Zauberwort, mit dem man einen Kasseläner ganz schnell für sich gewinnt. Und dieses Wort heißt: »Un?!« Auf Hochdeutsch etwa: »Hallo, wie geht's denn so?« So und nicht anders lautet in Kassel der Beginn eines guten Gesprächs. Jetzt ist Beobachtungsgabe gefragt. Wenn die Mundwinkel des Kasseläners langsam nach oben gehen und die Antwort kommt: »Muss ja«, dann haben Sie in Kassel bereits jetzt einen neuen Freund gewonnen. Aber Sie merken schon: Der Kasseläner macht nicht viel Worte. Die kasselänische Mundart zeichnet sich sozusagen durch »größtmögliche Verknappung« aus. Muss man nicht mögen, ist aber so. Auch die Ostfriesen beispielsweise sind nicht gerade für die großzügige Verwendung ihres Wortschatzes bekannt. Und wir mögen sie trotzdem – oder gerade deswegen? Mit »Kasselänisch«, also der Sprache der »Ureinwohner«, werden wir Sie im Verlauf des Buchs sicher noch näher vertraut machen. Die Kasseler Mundart ist im Grunde genommen nichts anderes als ein in Jahrhunderten gar gewordener Eintopf aus thüringischen, fränkischen, ostwestfälischen und niederdeutschen Zutaten.

Kassel war viele Jahrhunderte Residenzstadt der hessischen Landgrafen, die später sogar Kurfürsten wurden. Irgendwann kamen die Preußen. Kassel wurde zu einem bedeutenden Industriestandort. Nach den furchtbaren Zerstörungen des Zweiten Weltkriegs hat Kassel noch lange Jahre ein Schattendasein geführt. Die Bewerbung 1949 als neue Hauptstadt der Bundesrepublik Deutschland war nicht erfolgreich. Einer der Gründe für die Ablehnung war die exponierte Lage der Stadt zur damaligen innerdeutschen Grenze, die nur wenige Kilometer entfernt war.

Mit der Wiedervereinigung wurde alles anders. Heute strotzt die Stadt vor Selbstbewusstsein. Sie gilt als eine der grünsten Städte Deutschlands. Über 60% der innerstädtischen Fläche besteht aus Parks und Grünanlagen. Welche Stadt kann das schon von sich behaupten?

Wenn Sie sich vorab schon einmal über das »grüne« Kassel informieren wollen, schauen Sie doch einfach mal unter: www.kasselergartenkultur.de und begeben sich auf eine digitale Reise durch Kasseler Parks und Gärten (z. B. Roseninsel, Botanischer Garten).

Es gibt zudem eine große Vielzahl an Museen in dieser Stadt. Und die Lage? Schauen Sie abends mal auf die ZDF-Wetterkarte, und Sie werden feststellen, dass Kassel ziemlich genau in der Mitte der

Republik liegt. Damit ist sie aus allen Himmelsrichtungen gut erreichbar. Kassel gilt als Hauptstadt der Deutschen Märchenstraße, ist seit 1999 offiziell documenta-Stadt und gehört mit dem Bergpark Wilhelmshöhe, mit dem Herkules und den Wasserspielen zum UNESCO-Welterbe, mit den Handexemplaren der Brüder Grimm verfügt sie sogar über ein Weltdokumentenerbe.

Wir freuen uns jedenfalls, dass Sie Kassel als Ziel ausgewählt haben. Jetzt gilt es, das in die Tat umzusetzen, was Sie mit dem Kauf dieses Buchs erreichen wollten: Erobern Sie »Kassel zu Fuß«!

Thomas Siemon
Hans-Jürgen Bodden †

1

Übersehen kann man ihn nicht. Direkt vor dem Kulturbahnhof steht mit dem Himmelsstürmer eines der populärsten documenta-Kunstwerke überhaupt. Der »Man walking to the sky« von Jonathan Borofsky verkörpert eine Aufbruchstimmung, die zur Entwicklung von Kassel in den vergangenen Jahren passt. Ein guter Ort, um einen Spaziergang durch die Stadt zu beginnen und Kassel »zu Fuß« zu erkunden.

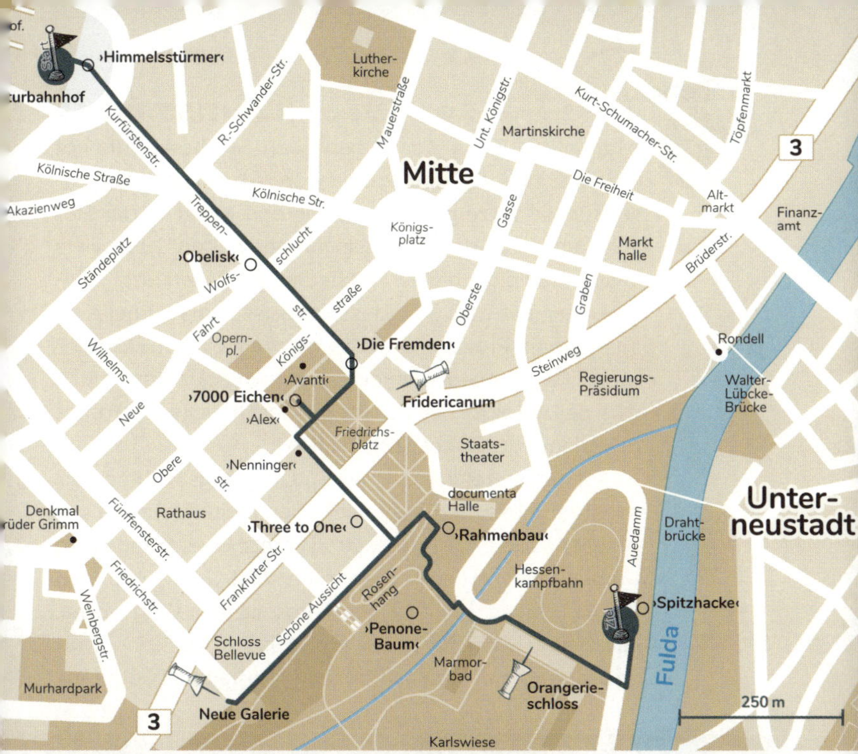

AUF DEN SPUREN DER DOCUMENTA

Start: Kulturbahnhof
Ziel: Auedamm/Spitzhacke
Dauer: ca. 1 Stunde
Länge: 4,1 km
Strecke: leichtes Gefälle mit vielen Stufen an der Treppenstraße und zur Aue
Anfahrt: Tram 1, 4 oder 5

Ohne Spendenaktion wäre der **HIMMELSSTÜRMER** womöglich nicht in Kassel geblieben. Solche Aufrufe hat es immer wieder gegeben, sie waren auch ein Gradmesser für die Akzeptanz der modernen Kunst in der Bevölkerung. Für den Himmelsstürmer haben 1992 viele gespendet. Manch einer hat heute noch einen Satz Telefonkarten mit dem Foto des Himmelsstürmers irgendwo im Schrank. Praktisch nutzlos, aber eine schöne Erinnerung. Einer der Großspender damals war der Mann, nach dem der Vorplatz benannt ist: Rainer Dierichs, der frühere Verleger der Tageszeitung HNA.

Auf den ersten Metern des Spaziergangs Richtung Innenstadt muss man tapfer sein, denn wirklich schön anzusehen ist die Kurfürstenstraße trotz ihres klangvollen Namens nicht. Hier gab es früher mal Unterführungen für Fußgänger, damit sie den Autos nicht im Weg waren. Eine dieser Unterführungen fand 1997 so gar keine Gnade bei der französischen documenta-Leiterin Catherine

»Der Himmelsstürmer« vor dem Kulturbahnhof

David, die sich vom Verkauf billiger Socken und anderer Artikel abgestoßen fühlte.

Nach fünf Minuten Fußweg wird es ab dem Scheidemannplatz wieder ansehnlicher. Hier beginnt mit der **TREPPENSTRASSE** Deutschlands erste Fußgängerzone, die 1953 im immer noch von der Zerstörung geprägten Nachkriegs-Kassel fertiggestellt wurde. Ab jetzt geht es über viele Stufen bergab. Schon aus der Distanz erkennt man die Spitze des **DOCUMENTA-OBELISKEN** (2017) von Olu Oguibe. »Ich war ein Fremdling und ihr habt mich beherbergt« aus dem Matthäus-Evangelium ist hier auf Englisch, Arabisch, Deutsch und Türkisch zu lesen. Ein Kunstwerk zum Thema Flucht und Vertreibung, das für Debatten sorgte. Der Obelisk stand zur documenta auf dem Königsplatz und hat auf der Treppenstraße einen dauerhaften Standort gefunden: als weiterer Baustein eines documenta-Parcours, der hier noch lange nicht zu Ende ist.

Sehenswert

Nur ein paar Meter weiter bergab haben die indonesischen Kuratoren der documenta fifteen ein Quartier gefunden. Im ehemaligen Gebäude der Sportarena, dem **RURU-HAUS**, gibt es viel Platz für gute Ideen. Wer den **FRIEDRICHSPLATZ** überquert, kommt mit dem **FRIDERICIANUM** am Herzstück jeder documenta vorbei. Und an documenta-Kunst, die man manchmal nicht auf den ersten Blick erkennt. Klar, die zwei noch relativ jungen Eichen mit der Basaltstele, das ist natürlich Joseph Beuys. Kein anderer

Der Obelisk von Olu Oguibe steht an der Treppenstraße

»7.000 Eichen« von Joseph Beuys

Künstler hat so oft an der documenta teilgenommen, kein anderer hat Kassel so geprägt – und kein anderer hat für so hitzige Debatten gesorgt. Es war ja beileibe nicht so, dass die heimische Bevölkerung durchgängig begeistert war vom Großprojekt **»7.000 EICHEN«** (1982) und der Stadtverwaldung.

Interessant

Da lagen ja zunächst einmal jede Menge Steine aus Basalt auf dem Friedrichsplatz herum. Fremdkörper, die die Ordnung störten. Und das sollte Kunst sein?

Ja, das ist Kunst, mittlerweile von vielen stolz den Besuchern präsentiert und ansonsten zumindest halbwegs akzeptiert. Hier auf dem Friedrichsplatz steht jedenfalls der erste Baum, den Joseph Beuys selbst pflanzte, und das letzte der 7.000 Exemplare, das seine Witwe Eva und Sohn Wenzel fünf Jahre später zur documenta 8 in die Erde setzten.

Nur ein paar Meter davon entfernt steht die Figurengruppe **»DIE FREMDEN«** von Thomas Schütte (docu-

»Die Fremden« von Thomas Schütte

Hier ging es 1.000 Meter in die Erde

menta 9). Menschen, die mit ein paar Habseligkeiten geflüchtet sind und auf einen neuen Anfang hoffen. Das war auch 1992 schon aktuell und ist weithin sichtbar.

Doch jetzt geht die Suche los. Denn etwa 30 Meter vom **DENKMAL** für den Namensgeber Landgraf Friedrich II. entfernt erinnert eine unscheinbare Markierung auf dem Boden an ein anderes umstrittenes documenta-Kunstwerk. Hier ließ Walter de Maria seinen **ERDKILOMETER** bohren. Tausend Meter tief, mit einem großen Bohrturm. Der ist längst verschwunden, das Loch Geschichte – aber eine kleine, runde Plakette erinnert an einen großen Aufreger.

Kurios

Der Friedrichsplatz bietet sich für eine kurze Pause nach dem ersten Teil des Spaziergangs an. Neben dem **CAFÉ ALEX** und dem **AVANTI**, die beide einen schönen Blick auf den Platz bieten, gibt es im Umfeld noch eine Reihe weiterer Lokale. Unser Tipp: Das alt eingesessene **CAFÉ NENNINGER**. Der Kuchen ist her-

»Der Rahmenbau« von Haus-Rucker-Co.

Café Alex
Obere Königsstraße 28a
34117 Kassel
Tel.: 0561-766170
www.dein-alex.de/kassel
Öffnungszeiten:
Mo. – Do. 08 – 23 Uhr
Fr. & Sa. 8 – 00 Uhr
Sonn- & Feiert. 9 – 23 Uhr

Avanti
Obere Königsstraße 39
34117 Kassel
www.avantikassel.de
Tel.: 0561-7013259

Café Nenninger
Friedrichsplatz 8
34117 Kassel
Tel.: 0561-7661690
www.cafe-nenninger.de
Öffnungszeiten:
Mo. – Sa. 9 – 18 Uhr, Sonn- & Feiert. 10 – 18 Uhr

vorragend, das wussten auch schon viele documenta-Künstler zu schätzen. Ins Gästebuch hat sich unter anderem die Argentinierin Marta Minujin eingetragen, die mit dem **PARTHENON DER BÜCHER** das wohl spektakulärste Kunstwerk der documenta 14 geschaffen hat.

Weiter geht es zum unteren Teil des Friedrichsplatzes. Bereits aus der Distanz kann man einen Rahmenbau erkennen, der wie ein Bilderrahmen wirkt. So war das 1977 auch gemeint, als die Architekten- und Künstlergruppe Haus-Rucker-Co. ihre **KONSTRUKTION** zur documenta 6 aufbauten – gut 16 Meter hoch und 14 Meter breit. Der Clou: Es gibt einen zweiten, kleineren Rahmen, dem man sich über einen Metallsteg nähern kann. Von diesem Aussichtspunkt hat man einen tollen Blick Richtung **ORANGERIE** und **KARLSAUE**. Und wenn man sich umdreht, dann ergibt sich durch den größeren Rahmen eine herrliche Perspektive über den Friedrichsplatz Richtung Innenstadt.

Das Auetor Der Standort hat eine interessante Geschichte. Bis zum Jahr 1907 stand hier das Auetor, das vor über 100 Jahren schon dem Blick von der Stadt in die Landschaft einen Rahmen gab.

Bevor der Spaziergang Richtung Aue weitergeht, sollte man einen Abstecher Richtung **SCHÖNE AUSSICHT** (der Name ist Programm) machen. Nicht nur wegen des typischen **50ER-JAHRE-AOK-GEBÄUDES**, dessen Treppenhaus documenta-Kunst beherbergt. Hier hat Max Neuhaus zur documenta 9 (1992) seine Klanginstallation **»THREE TO ONE«** installiert. Nur fünf Minuten davon entfernt befindet sich die **NEUE GALERIE**. Absolut sehenswert ist hier die Dauerausstellung zur Geschichte der documenta seit 1955.

Die nächste Etappe beginnt unmittelbar neben dem Haus-Rucker-Co.-Rahmen. Über die **GUSTAV-MAHLER-TREPPE** geht es

Neue Galerie
Schöne Aussicht 1
34117 Kassel
www.heritage-kassel.de/standorte/neue-galerie
Tel.: 0561-31680-123
Öffnungszeiten:
Di. – So. & Feiertage
10 – 17 Uhr
Eintritt: 6 €; ermäßigt 4 €, Schülerinnen & Schüler sowie bis 18 Jahre frei

DOCUMENTA IN DER NEUEN GALERIE

Passt wunderbar in die Karlsaue: Der bronzene Penone-Baum

bergab Richtung Aue. Vom Ende der Treppe sind es nach rechts nur wenige Meter bis zum **PENONE-BAUM**.

SEHENSWERT

DER PENONE-BAUM

Der Penone-Baum, der eigentlich »Idee di Pietra« heißt, stammt von dem italienischen Künstler Guiseppe Penone (documenta 13, 2012). Es handelt sich dabei um den Bronzeabguss eines Haselnussbaumes, der einen großen Stein im Geäst trägt. Auch für dieses Kunstwerk gab es eine erfolgreiche Spendenaktion. Dass der Penone-Baum in der Karlsaue stehen bleiben durfte, ist übrigens eine Ausnahme. Normalerweise muss die documenta-Kunst nach Ausstellungsende wieder entfernt werden. Doch der Baum passt so gut ins Umfeld, da legte die Museumslandschaft Hessen Kassel als Hausherr die anfängliche Skepsis doch noch ab.

Die Orangerie als Kunststandort

»Die blaue Spitzhacke« von Claes Oldenburg

Von hier geht es weiter Richtung **ORANGERIE**. Die war nach den Zerstörungen des Zweiten Weltkriegs lange Zeit eine Ruine. Auch noch zur ersten documenta im Jahr 1955 und auch noch zur zweiten Auflage 1959. Sie bot damals die Kulisse für eindrucksvolle Skulpturen, unter anderem von dem berühmten britischen Bildhauer Henry Moore.

Auf geht es zu unserer letzten Etappe des documenta-Spaziergangs. Noch ein Blick in die Karlsause, dann geht es weiter Richtung **FULDA**. Unübersehbar ist hier die riesige blaue **SPITZHACKE**, die ein wenig an einen überdimensionalen Anker erinnert. Der schwedisch-amerikanische Künstler Claes Oldenburg hat die zwölf Meter hohe Spitzhacke zur documenta 7 im Jahr 1982 geschaffen. Heute ist sie insbesondere im Sommer ein beliebter Treffpunkt. Hier kann man das Sonnenbad direkt mit einem Sprung in die kühle Fulda verbinden.

KURIOS

Die Geschichte hinter der Spitzhacke: Der bärenstarke Supermann Herkules hat diese Spitzhacke von ganz oben im Bergpark geworfen, am Fuldaufer schlug sie ein und blieb stecken.

2

VOM KÖNIGSPLATZ ZUM BRÜDER-GRIMM-PLATZ

Königsplatz? Königsstraße? Gab es denn in Kassel jemals einen König? Kassel war zwar viele Jahrhunderte lang Residenzstadt der hessischen Landgrafen, die später sogar Kurfürsten wurden, aber einen König? Des Rätsels Lösung: Der Platz und die Straße erhielten ihren Namen nach dem Landgrafen Friedrich I., der gleichzeitig König von Schweden war. Friedrich war ein Sohn Landgraf Karls, dieser wiederum war Initiator für den Bau des Herkules und der Karlsaue. Am Königsplatz starten wir nun unsere Tour.

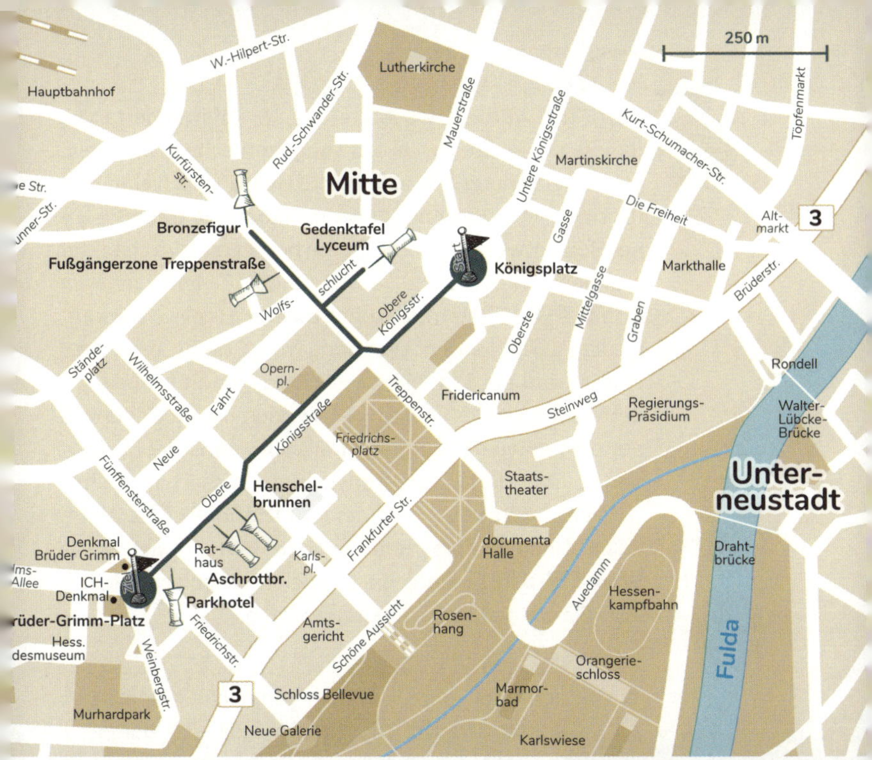

Start: Königsplatz **Ziel:** Brüder-Grimm-Platz
Dauer: ca. 1 Std. 15 Min. **Länge:** 1,4 km
Strecke: asphaltiert, Treppen
Anfahrt: Tram 1, 3, 4, 5, 6, 8

Der Platz wurde etwa Mitte des 18. Jahrhunderts von Simon Louis du Ry, einem hugenottischen Baumeister, angelegt und hat eine wechselvolle Geschichte hinter sich. Heute lässt nur noch das mächtige Gebäude einer Bank etwas von der früheren prunkvollen Architektur erahnen. An der Stelle, wo heute das Einkaufszentrum **CITY POINT** steht, gab es früher z. B. ein Gasthaus, in dem auch Johann Wolfgang von Goethe mehrmals speiste und die Schönheit der damaligen Stadt bewunderte, wenn er feststellte: »So wurden meine Gedanken auf einmal wieder aufgehellt, als ich in das mit hundert und aberhundert Lampen erleuchtete Cassel hineinfuhr«.

Wenn man heute auf dem **KÖNIGSPLATZ** steht, fallen einem sofort rund um den Platz angebrachte **WASSERSPEIER** auf, die von den Einheimischen liebevoll »Elefantenrüssel« genannt werden.

BALLSAAL HOTEL REISS

In den 50er Jahren wurden zahlreiche Kinofilme in Kassel gedreht. Die ganzen Stars der damaligen Zeit wie Heinz Rühmann, Heinz Ehrhardt, Theo Lingen, Curd Jürgens und viele mehr kamen zur Premiere ihrer Filme nach Kassel. Mit dem Zug erreichten sie am früheren Hauptbahnhof (heute **Kulturbahnhof**) die Stadt und übernachteten im **Hotel Reiss** schräg gegenüber des Bahnhofs. In diesem Hotel, das heute noch existiert, fanden legendäre Filmbälle statt. Der Saal existiert heute allerdings nicht mehr. Tipp: unter youtube.com Stichwort »Ballsaal Hotel Reiss« kann man die Vergangenheit noch einmal aufleben lassen und sich einen Eindruck von diesem prunkvollen Saal verschaffen.

Wieder zurück zum Königsplatz. Eines der Premierenkinos war das **»KASKADE FILMTHEATER«**, das Kino-

Kinosaal »Neue Kaskade«

geschichte geschrieben hat und mit 900 Sitzplätzen das größte Kino dieser Stadt war. Es war weit über die Stadtgrenzen hinaus bekannt für seine Wasserspiele. Prominente Schauspieler der Nachkriegszeit gaben sich im Kaskade Filmtheater sozusagen die Klinke in die Hand und stellten ihre Filme der Öffentlichkeit vor. Hollywood in Kassel! Reste der Wasserspieltechnik und des Kinosaals sind noch erhalten, und zwar im hinteren Teil eines **BIOLADENS**. Gehen Sie ruhig einmal hinein. Auf einer kleinen Tafel ist die Funktion der Anlage erläutert. Wer die Wasserspiele noch einmal in Aktion sehen will: Auf YouTube findet man unter dem Stichwort »Kaskade Kino Kassel – Wasserspiele« entsprechende Videos.

Denn's Biomarkt
Königsplatz 53
34117 Kassel
Öffnungszeiten:
Mo. – Sa. 8 – 20 Uhr

Sehenswert

Der Filmpalast Übrigens: Im Filmpalast, einem hochmodernen Multiplexkino am Karlsplatz in direkter Nachbarschaft zum Rathaus, ist eine Reminiszenz an die Wirtschaftswunderzeit in Deutschland sozusagen »wiederauferstanden«: Ein Nachbau des oben erwähnten legendären Kaskade Filmtheaters. Es ist alles da: Die goldene Prismendecke, die roten Samtsessel, vor allem aber die beleuchteten und mit Musik unterlegten Wasserspiele, natürlich mit hochmoderner Technik – einzigartig in Deutschland. Es wird ein Wasservorhang erzeugt, auf den sogar Bilder oder gar Filmausschnitte projiziert werden können. Ein wunderbarer und mit viel Liebe zum Detail gestalteter Barbereich rundet das Ganze ab.

In der Vorweihnachtszeit ist der Königsplatz einer der Schauplätze für den **KASSELER WEIHNACHTSMARKT**, der mit zu den schönsten in Deutschland zählen soll. Wunderschön anzusehen, wenn eine über 12 Meter hohe **ERZGEBIRGSPYRAMIDE** den gesamten Platz überragt. In der Mitte des Platzes überstrahlt dann ein riesiger Weihnachtsbaum mit Tausenden von Lichtern das Geschehen. Es entbrennt jedes Jahr ein – nicht ganz ernstzunehmender Streit darüber, ob denn nun Frankfurt oder Kassel den prächtigeren Weihnachtsbaum hat.

Wir gehen weiter die Königsstraße hinauf. Sie ist zwar seit 1961 Fußgängerzone, vor den Straßenbahnen, die hier nahezu im Minutentakt verkehren, müssen Sie sich aber in Acht nehmen. Nach etwa 300 Metern erreichen wir auf der rechten Seite die **TREPPENSTRASSE**, die als erste Fußgängerzone Deutschlands gilt. Sie wurde Mitte der 50er Jahre errichtet, um eine Verbindung vom damaligen Hauptbahnhof zur Innenstadt herzustellen. In dieser Zeit diente sie auch als Filmkulisse für zahlreiche Kinofilme. Die Treppenstufen sind sehr flach, erfordern also nicht allzu viel Kondition. Außerdem beträgt der Höhenunter-

Königsplatz Erzgebirgspyramide

schied bis zum ehemaligen **EAM-HOCHHAUS**, wo sie endet, lediglich 15 Meter. Gleich zu Beginn auf der linken Seite gab es früher ein Modehaus, heute ist hier das **STADTCAFÉ** untergebracht. Hier hat Heinz Erhardt einen Teil seines Films »Der letzte Fußgänger« gedreht. Wir gehen weiter hinauf, auf den **OBELISKEN** zu – über den bereits an anderer Stelle in diesem Buch (S. 15) berichtet wurde. Ziemlich am Ende sehen wir eine kleine **BRONZEFIGUR**.

EINKEHR-TIPP

Stadtcafé Kassel
Obere Königsstraße 41
34117 Kassel
Tel.: 0561-9372215
www.stadtcafe-kassel.eatbu.com/?lang=de
Öffnungszeiten: Mo. – Sa. 9 – 19 Uhr, So. 10 – 18 Uhr

KURIOS

Interessant Hier wurden Szenen des mit dem Bundesfilmpreis ausgezeichneten Streifens »Rosen für den Staatsanwalt« abgedreht. Walter Giller hat hier in der Rolle des ehemaligen Soldaten Rudi Kleinschmidt Krawatten verkauft. Für den Schauspieler war dies ein erster Höhepunkt seiner langjährigen Karriere.

Wir gehen die Treppenstraße wieder hinunter. Auf dem Weg zurück finden sich zahlreiche Möglichkeiten, um in einem Café oder Restaurant wieder etwas zu Kräften zu kommen. Viele der Restaurants und Cafés haben ihre Gastronomie im Sommer nach draußen verlegt. Es lohnt sich, nach einem Plätzchen zu suchen, um bei Kaffee und Kuchen oder etwas Deftigerem dem Treiben auf der Treppenstraße zuzuschauen. Das gilt auch für den **FLORENTINER PLATZ** gleich um die Ecke. Hier steht als Neuzugang das **GLÜCKSSCHWEIN PORCELLINO** als Brunnenfigur. Vorbild ist das Schweinchen aus der italienischen Partnerstadt Florenz.

Auf Höhe des Obelisken machen wir noch einmal einen kleinen Schlenker nach links und kommen nach wenigen Metern auf der rechten Seite zu einem Haus, an dem eine kleine Gedenktafel angebracht ist, die daran erinnern soll, dass an dieser Stelle einmal das **»LYCEUM**

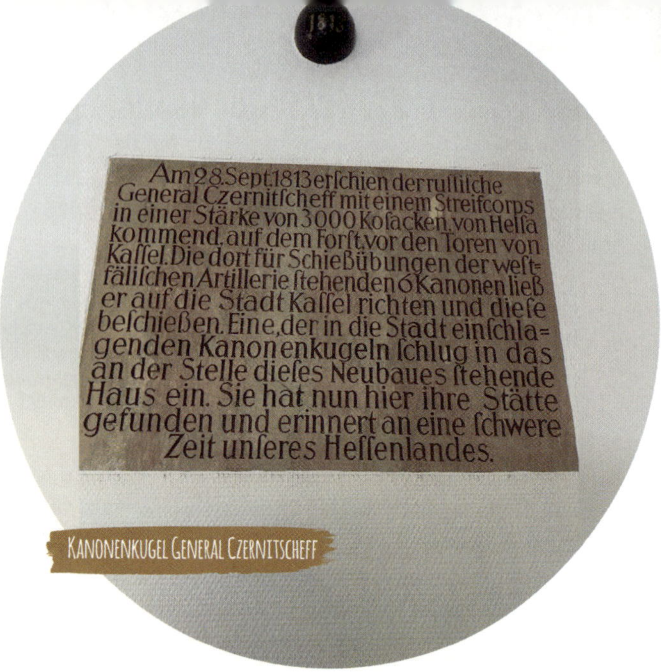

Kanonenkugel General Czernitscheff

Fridericianum« gestanden hat, in dem Generationen von Schülern unterrichtet wurden, wobei die prominentesten unter ihnen in den Jahren 1798–1802/03 sicherlich die Brüder Jacob und Wilhelm Grimm waren.

Wir gehen wenige Meter zurück und nach links weiter die Treppenstraße hinunter. Kurz bevor wir wieder die Königsstraße erreichen, sollten Sie unter der Woche (am Wochenende ist die Eingangstür verschlossen) noch die Gelegenheit nutzen, einmal einen Blick in das Haus mit der Nr. 41, das sogenannte **Nahl'sche Haus**, zu werfen.

Nahl'sche Haus 1771 errichtete an dieser Stelle der Kasseler Hofbildhauer Johann August Nahl d. Ä. ein Haus, das zu den wichtigsten deutschen Künstlerhäusern des 18. Jahrhunderts zählte. Es wurde im Krieg vollkommen zerstört. Heute erinnern vor Ort noch eine Kanonenkugel

INTERESSANT

und eine kleine Infotafel an das »Nahl'sche Haus«, die im Treppenhaus des in den 50er Jahren entstandenen Neubaus eingebaut wurde. Sie hatte das Gebäude 1813 bei der Belagerung Kassels durch den russischen General Czernitscheff getroffen, der damit letztlich das von Jérôme Bonaparte geführte Königreich Westphalen auflöste. Aus der »Napoleonshöhe« wurde damit wieder die »Wilhelmshöhe«.

Rathaus
Obere Königsstraße 8
34117 Kassel

Ein Bummel auf der Königsstraße bis hinauf zum **RATHAUS** führt an vielen Geschäften vorbei, die sich überall in deutschen Großstädten breitgemacht haben. Das ist in Kassel nicht anders.

Kurz bevor wir den **OPERNPLATZ** erreichen, erinnert bei dem Haus auf der rechten Seite (hier ist heute ein H&M-Laden ansässig) nur noch die barocke Fassade daran, welche Pracht dieses Haus, das 1968 abgerissen wurde, einst hatte. Wir sind jetzt am Opernplatz angelangt, aber … wo ist denn die Oper? Es gab sie nur von den

Gebäude Königsstraße 37/Opernplatz

Rathaus mit Stadtwappen

1760er Jahren bis zum Beginn des 20. Jahrhunderts, und zwar dort, wo heute das Kaufhof-Gebäude steht. Das **SPOHR-DENKMAL** erinnert an den Komponisten Louis Spohr. Er galt neben dem Italiener Paganini als größter Geiger seiner Zeit. Spohr hat ein Ehrengrab auf dem Hauptfriedhof von Kassel.

Wir sind am **RATHAUS** angelangt, das zu Beginn des 20. Jahrhunderts im niederländischen Barock mit Renaissance-Einfluss errichtet wurde. Zuvor gab es mehrere Rathäuser an verschiedenen Stellen in Kassel, die heute allesamt nicht mehr existieren. Unser Rathaus ist eines der wenigen Bauwerke Kassels, das nach den starken Bombenschäden im Zweiten Weltkrieg rekonstruiert wurde, wenn auch in veränderter Form. Wir blicken direkt auf das **KASSELER STADTWAPPEN**, dessen Entstehung eigentlich bis heute ungeklärt ist. Silberne Kleeblätter und ein silberner schräger Balken auf tiefblauem Grund.

Man hat lange vermutet, das silberne Band stelle die Fulda dar, also den Fluss, der durch Kassel fließt. Später hat man erkannt, dass in der Heraldik, der Wappenkunde, Flüsse immer durch ein welliges Band dargestellt werden.

In Blickrichtung auf das Rathaus steht auf der linken Seite ein Brunnen – der **HENSCHELBRUNNEN**. Dieser besteht aus einem aufgesockelten Figurenensemble: einer Frau mit einem Gefäß, die zwei spielende Kinder umgeben. Wasser entströmt aus gusseisernen Tränken an den vier Seiten des Sockels.

Der Henschelbrunnen Die Figurengruppe soll Lebendigkeit und über Weiblichkeit vermittelte Fruchtbarkeit assoziieren. Bedeutungen, die im westeuropäischen Kontext traditionell mit Wasser verbunden sind. Sophie Henschel hieß die Frau, die der Stadt 1912 diesen Brunnen zu Ehren des Kasseler Großindustriellen Henschel gestiftet hat. Sie nimmt in Kassels Stadtgeschichte einen hohen Stellenwert ein, hat sie doch nach dem Tode ihres Ehemannes 16 Jahre lang den riesigen Henschel-Konzern (Lokomotiven, später auch Fahrzeuge, Flugzeugmotoren) geleitet. Für eine Frau in der damaligen Zeit wahrlich nicht selbstverständlich.

GESCHICHTE

Wir gehen auf die andere Seite, wo bogenförmige, etwa kniehohe Sandsteine in loser Platzierung ein durchbrochenes Rund markieren. In dessen Zentrum fügt sich eine Rosettenform reliefartig in den Boden ein, die nur aus unmittelbarer Nähe als Brunnen zu erkennen ist. So kommt es, dass auch langjährige Einwohner Kassels den **ASCHROTTBRUNNEN** nicht kennen, obwohl sie seinen Standort schon unzählige Male passiert haben.

ASCHROTTBRUNNEN

Der ursprüngliche Brunnen entstand 1908 durch eine großzügige Spende des Kasseler Unternehmers Sigmund Aschrott und prägte mehr als 30 Jahre das Bild vor dem Rathaus. Bis zum 09. April 1939, dem Tag des deutschen Überfalls auf Polen, mit dem der Zweite Weltkrieg begann. An diesem Tag wird der Judenbrunnen, wie er jetzt genannt wird (Sigmund Aschrott war mosaischen Glaubens) von nationalsozialistischen Aktivisten fast bis zur Unkenntlichkeit zerstört. Erhalten blieb lediglich das Brunnenbecken, das 1943 in ein Blumenbeet verwandelt wurde. Bis in die 70er Jahre plätscherte hier ein Springbrunnen vor sich hin.

1987 wird der »neue« Aschrottbrunnen errichtet – und zwar durch den Kasseler Künstler Dr. Horst Hoheisel. Seine Intention war, ihn nicht einfach wieder so zu erschaffen, als sei nichts geschehen. Er wollte bewusst eine Verbindung zur Vergangenheit herstellen. Sein Plan: Der Brunnen-Aufbau wird rekonstruiert, der frühere Obelisk wird als Hohlform neu gegossen und spiegelverkehrt in den Boden versenkt. Die Spitze der Pyramide berührt in etwa 12 Metern Tiefe den Grundwasserspiegel. Die Idee dahinter: Die Vertiefung in die Vergangenheit dieser Stadt.

Durch acht sternförmig zusammenlaufende Rinnen fließt Wasser zum Mittelpunkt der Rosettenform. Dort stürzt es kaskadenartig einen Schacht hinab, um dann wieder hinaufgepumpt zu werden. Ein stetiger Kreislauf. Man kann das Metallgitter ruhig betreten und dem Wasserspiel zuschauen. Die gesamte Anlage wurde kürzlich aufwendig restauriert. Der Brunnen ist während der Sommermonate in Betrieb, allerdings nicht durchgehend. Er gönnt sich zwischendurch immer mal wieder eine Verschnaufpause. Ein Modell des Brunnens steht in der jüdischen Holocaust-Gedenkstätte Yad Vashem.

Wir gehen an dem kleinen Kiosk vorbei und biegen nach links in Richtung Rathauskreuzung ab, die wir, wenn die Ampel Grün zeigt, zügig überqueren. Bereits hier werden Sie zwei Dinge feststellen:

1. Kassel ist eine sportliche Stadt – erkennbar an den kurzen Grün-Phasen für die Fußgänger

2. Kassel ist die Stadt der »Ost-Ampelmännchen«. Bereits 2007 hat man hier damit begonnen, die bisher vorherrschenden West-Ampelmännchen durch die etwas »korpulenteren« Kollegen aus der ehemaligen DDR zu ersetzen. Nicht zuletzt aus Kostengründen, weil sie mit stromsparenden LED-Leuchten ausgestattet sind.

Wir kommen nun vorbei am **EHEMALIGEN »PARKHOTEL HAUS HESSENLAND«.**

Das Parkhotel Haus Hessenland: Nach den schweren Verwüstungen im Zweiten Weltkrieg war private Initiative gefragt, um Kassel für den Fremdenverkehr wieder attraktiv zu machen. Es fehlte vor allem an Hotelbetten, wie die Kasseler Zeitung noch 1952 berichtete. Voller Erwartung war das Interesse daher auf dieses Hotel gerichtet, das auf Kriegstrümmern entstehen sollte. Das Haus Hessenland erlangte sogar internationale Anerkennung, als es 1953 eröffnet wurde. Damit hatte Kassel wieder ein »erstes Haus am Platz«. Hier ist damals alles abgestiegen, was in der Politik einen Namen hatte. Konrad Adenauer, Ludwig Erhard – alle waren sie hier.

Und direkt vor dem Hotel erstreckt sich – sozusagen als grüner Vorhof zur Innenstadt – der **BRÜDER-GRIMM-PLATZ**. Es gibt Pläne, diesen komplett umzugestalten. Bestandteil dieser Veränderung ist auch der Neubau des deutschen Tapetenmuseums. Der Brüder-Grimm-Platz leitet weiter in die kleine, aber feine Parkanlage des ehemaligen Fürstengartens und heutigen **MURHARDPARKS** über. Von dort sind es nur wenige Schritte bis zur **GRIMMWELT**,

Hessenland Hotel
Obere Königsstraße 2
34117 Kassel
Tel.: 0561-22079590

GEHEIMTIPP

Das Zimmer 105 ist mit Originalmöbeln der 50er Jahre liebevoll ausgestattet (nur der Fernseher ist neueren Datums) und kann sogar gemietet werden. Wenn man ganz freundlich darum bittet, und das Zimmer ist nicht vermietet, darf man sogar einen Blick ins Innere werfen.

die sich seit ihrer Eröffnung im Jahr 2015 weit über die Grenzen Deutschlands hinaus einen Namen gemacht hat.

Das Parkhotel Haus Hessenland war seinerzeit nicht nur das größte Hotel in Nordhessen, sondern auch das modernste. Jedes Zimmer hatte Klimaanlage und Telefon und war entweder mit Bad oder Dusche ausgestattet. Das alles ist natürlich heute Standard. Innen wird auch heute noch die Wirkung von geschwungenen Linien und fließenden Formen bestimmt, besonders in der zweigeschossigen Empfangshalle mit der großen geschwungenen Treppe, die in den offenen Frühstücksraum des Hotels führt. Dort befindet sich auch noch die große **WELTKARTE**, eine kostbare Holzlackmalerei. Auch der große Gesellschaftssaal, in dem so mancher Kasseler seinen Tanzschul-Abschlussball feierte, existiert noch.

Wir erreichen jetzt die **WILHELMSHÖHER ALLEE**. Hier nahm bereits 1877 als erste Dampfstraßenbahn Deutschlands die »Cassel Tramway« ihren Betrieb auf. So etwas gab es zuvor nur in Kopenhagen und Paris. Die Allee erstreckt sich schnurgerade auf 4.650 Metern Länge bis unterhalb des **SCHLOSSES WILHELMSHÖHE**, das man bei klarem Wetter gut erkennen kann. Hoch oben darüber thront der **HERKULES**.

SEHENSWERT

Wir stehen jetzt auf dem Brüder-Grimm-Platz. Er wurde Ende des 18. Jahrhunderts angelegt und war ursprünglich als Empfangsraum der Stadt gedacht, indem er zu beiden Seiten der Wilhelmshöher Allee von zwei säulengeschmückten **WACHHÄUSERN** begrenzt wurde, die bis heute erhalten sind. Die beiden Brüder wohnten von 1814 bis 1822 in dem rechten Wachhaus und sind als kleine **SKULPTUR** auf der gegenüberliegenden Seite der Straße zu erkennen.

DENKMAL AM BRÜDER-GRIMM-PLATZ

Brüder Grimm Kennen Sie das Märchen von einem, der auszog, das Fürchten zu lernen? Es handelt von einem furchtlosen jungen Mann, der auf Reisen geht, um das Gruseln zu lernen. Er nächtigt beispielsweise unter einem Galgen, und es verschlägt ihn schließlich in ein Spukschloss. Doch auch dort lernt er unter den bösen Geistern das Gruseln nicht und erlöst damit das Schloss von ihnen.

Auf die Brüder Grimm übertragen, könnte man sagen, dass sie eines Tages in die Welt hinauszogen, um das Fürchten zu verlernen, d. h. in Wirklichkeit mussten sie wie Hänsel und Gretel das elterliche Haus verlassen, weil keine Krume Brot mehr für sie übrig war. Nur, dass die Mutter sie nicht unter einem Vorwand in den Wald hinausschickte, sondern ihnen reinen Wein einschenkte. Der Vater, Amtmann in Steinau an der Straße, starb im Alter von nur 46 Jahren an einer Lungenentzündung. Ein Vermögen, um die Witwe und die 6 Kinder zu ernähren, hatte er nicht hinterlassen. Noch nicht einmal ein Haus, denn die Familie Grimm wohnte, wie es sich für einen Amtmann gehörte, im Amtshaus der Stadt und musste

WISSENSWERT

dieses nach dem Tod von Vater Grimm für dessen Nachfolger frei machen. Eine Beamtenpension wie in späteren Jahren gab es damals noch nicht, die Bezüge erloschen mit dem Tod. Mühsam und mit Hilfe von Verwandten konnte die Mutter die vier kleinen Geschwister und sich selbst über Wasser halten.

Die beiden ältesten aber, der 13-jährige Jacob und der 12-jährige Wilhelm, mussten in die Fremde hinaus. Um überhaupt über die Runden zu kommen, nahm die Mutter ein Angebot der Schwester in Kassel an, die beiden Neffen bei sich aufzunehmen. Henriette Zimmer, die Tante der beiden, war Hofdame am Landgrafenhof der Residenzstadt Kassel. Man kann sich unschwer vorstellen, wie tränenreich der Abschied der beiden Jungen von der Mutter und den Geschwistern war. Niemals zuvor hatten Jacob und Wilhelm Steinau verlassen, abgesehen von den wenigen Jahren in ihrer Geburtsstadt Hanau. Diese Fügung des Schicksals aber sollte der Nachwelt die schönste und weltweit am meisten verbreitete Märchensammlung bescheren, die es jemals gegeben hatte – und vieles andere mehr …

Haben wir Sie hiermit auf den Geschmack gebracht, viel mehr über die Brüder Grimm zu erfahren? Kein Problem! Die **GRIMMWELT** erreicht man am besten, wenn man von hier aus durch den Murhardpark geht.

Wenn wir auf die Brüder-Grimm-Skulptur blicken, dann befindet sich jetzt hinter uns ein Gebäude, in dem einst der Fabrikant Arnold seit 1813 die älteste Tapetenfabrik Deutschlands betrieb. Arnold und seine Mieter im ersten Stock, ein Hofmarschall von der Malsburg, machten dieses Haus zum kulturellen Treffpunkt: der Komponist Louis Spohr ging hier ein und aus. Auch der berühmte Berliner Architekt Karl Friedrich Schinkel (er galt als Stararchitekt des Königreichs Preußen), Felix Mendelssohn Bartholdy, Franz Liszt sowie die Pianistin Clara

Das ICH-Denkmal mit dem Landesmuseum

Schumann hielten sich längere Zeit hier auf. Der Chemiker Robert Wilhelm Bunsen soll in diesem Haus die Gasmaske erfunden haben. Heute ist in dem Gebäude die Brüder-Grimm-Gesellschaft untergebracht.

Unser Spaziergang ist hiermit fast beendet, wenn, ja, wenn da nicht noch das **ICH-DENKMAL** wäre. Wir gehen einfach noch ein paar Schritte in Richtung auf die ehemaligen Wachgebäude links und rechts der Wilhelmshöher Allee zu, dann sehen wir es schon. Ein schlichter Sockel, vorne mit den goldenen Buchstaben »ICH« versehen. Wollen Sie sich einmal ganz erhaben und einzigartig fühlen? Bitte sehr! Über ein paar Treppenstufen auf der Rückseite kann man den Sockel erklimmen. Stellen oder setzen Sie sich in Positur, machen Sie das, was Ihnen gerade einfällt und lassen Sie sich dabei fotografieren.

Foto-Tipp

Kurios: Ein Pendant dieses Sockels gibt es übrigens in Frankfurt. Die Idee hinter dem Ganzen: Jedes Lebewesen ist einzigartig! Das gilt also nicht nur für Menschen, sondern auch für Tiere, die schon oft dort oben gesehen wurden.

Der Spaziergang führt an mehreren Bootshäusern mit Gastronomie vorbei. Oft gibt es schöne Blicke auf die Fulda. Die Blumeninsel Siebenbergen ist von April bis November geöffnet. Los geht's!

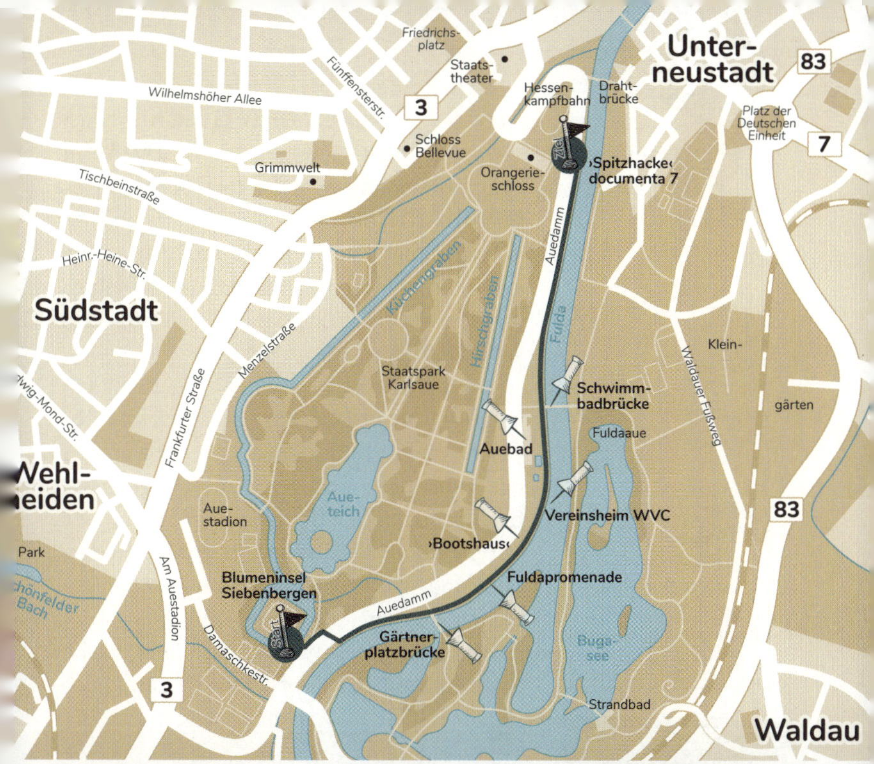

AN DER FULDA ENTLANG (EINERSEITS)

Start: Spitzhacke
Ziel: Blumeninsel Siebenbergen
Dauer: ca. 40 Minuten
Länge: 2,6 km
Strecke: flach, gut befestigt, leicht
Anfahrt: Bus 16, Haltestelle »Orangerie«

Los geht es an der markanten **SPITZHACKE**. Nach einigen Metern auf dem Fußweg am **AUEDAMM** zweigt die Fuldapromenade in Höhe des Bootshauses **RIVERSIDE** ab. Ebenso wie bei den bisherigen Etappen fällt auch hier die Orientierung leicht. Es geht immer geradeaus an mehreren Bootshäusern und der großen Fläche des **AUEBADES** vorbei.

Riverside, Auedamm 15
34121 Kassel
Tel.: 0561-8164598
www.riverside-kassel.de
Öffnungszeiten:
Di. – So. ab 11.30 Uhr

Auebad, Auedamm 21
34121 Kassel
www.kassel-auebad.de
Öffnungszeiten Hallenbad: tägl. 10 – 22 Uhr
Öffnungszeiten Freibad: tägl. 10 – 20 Uhr

Ein ruhiger und idyllischer Weg, dem man so gar nicht ansieht, dass er für hitzige Debatten gesorgt hat. Stören die Spaziergänger womöglich das traditionelle Vereinsleben in und vor den Bootshäusern? Kommt es gar zu Konflikten, wenn ein großes Ruderboot über die Promenade zum Anleger getragen werden muss?

Aus heutiger Sicht mag man über solche Bedenken mit dem Kopf schütteln, zumal sich

IDYLLISCHER WEG AUF DER FULDAPROMENADE

die Wogen relativ schnell nach dem Bau des Weges im Jahr 2009 wieder geglättet haben. Auf der Promenade kann man heute weitgehend ungestört – Radfahren ist verboten, kommt aber immer mal wieder vor – auf einer Strecke von 2,5 Kilometern spazieren gehen. Wenn man Glück hat, kommen auf der Fulda Kanuten, Ruderer und auch das ein oder andere Motorboot vorbei. Ab und zu sieht man Wasservögel, die im Naturschutzgebiet auf der anderen Fuldaseite Rückzugsmöglichkeiten haben.

Viel mehr braucht es eigentlich nicht zur Entspannung, zumal gleich mehrere Bootshäuser mit ihrer Gastronomie Möglichkeiten zur Einkehr bieten. Dazu gehört auch das **VEREINSHEIM** der 1919 gegründeten Wassersportvereinigung Cassel (WVC) – damals schrieb man Kassel allerdings noch mit C. Der Verein erinnert mit einer **GEDENKTAFEL** an das dunkelste Kapitel der Geschichte des Vereinsheimes.

WVC, Auedamm 23
34121 Kassel
www.wvckassel.de
Tel.: 0561-18839

Das Vereinsheim der Wassersportvereinigung Cassel

Hier hat der Frauenruderverein sein Domizil

Die Gärtnerplatzbrücke aus besonders stabilem Beton

Geschichte

Die Wassersportvereinigung Cassel Als 1933 die Nationalsozialisten die Macht übernahmen, machte sich die SS in dem Gebäude am Auedamm breit. Der Arbeitersportverein WVC wurde aufgelöst. Während der NS-Zeit verschleppte die SS ab 1933 unter anderem Kommunisten, Sozialdemokraten und Gewerkschafter in das Gebäude am Fuldaufer. Dort wurden sie verprügelt und gefoltert. Zur Geschichte des Gebäudes gehört, dass es die SS 1938 an die Marine-Hitler-Jugend übergeben hat.

Boothaus
Auedamm 27
34121 Kassel
Tel.: 0561-7394486

Blumeninsel Siebenbergen/Besucherpavillon
Auedamm 18
34121 Kassel
Tel.: 0561-31680600

Heute gehört das WVC-Heim mit seiner griechischen Gastronomie und der großen Sonnenterrasse zu den vielen attraktiven Adressen am Fuldaufer.

Nicht weit vom modernen **HALLEN- UND FREIBAD** am Auedamm entfernt gab es früher auch ein ausgedehntes Flussbad. Bil-

Tolle Lage vor der Blumeninsel Siebenbergen: Der Besucherpavillon

der davon kann man sich unter anderem im Bootshaus des **FRAUENRUDERVEREINS** und in der Gaststätte **BOOTSHAUS** ansehen.

Von hier aus ist es nicht mehr weit bis zum Ziel dieses Spaziergangs. Dafür muss man in Sichtweite der **DAMASCHKEBRÜCKE** nach rechts abbiegen und über den Auedamm auf die andere Seite gehen. Vor der **BLUMENINSEL SIEBENBERGEN** befindet sich ein noch neues und besonders schönes Lokal im **BESUCHERPAVILLON**.

TIPP

Auf der Fuldapromenade kommt man auch an der **Gärtnerplatzbrücke** vorbei, unter der man hindurch läuft. Wer da den Eindruck hat, dass diese ziemlich stabil aussieht, liegt goldrichtig. Hier wurde 2007 erstmals eine Art Superbeton genutzt. Entwickelt hat diesen »ultrahochfesten« (so lautet der Fachbegriff) Baustoff die Kasseler Universität.

Eine sehr abwechslungsreiche Tour von der dicht besiedelten Unterneustadt Richtung Waldauer Wiesen zum Bugasee mit seinem Naturschutzgebiet (Vogelbeobachtung). Vor der Blumeninsel Siebenbergen gibt es eine sehr schöne Gastronomie.

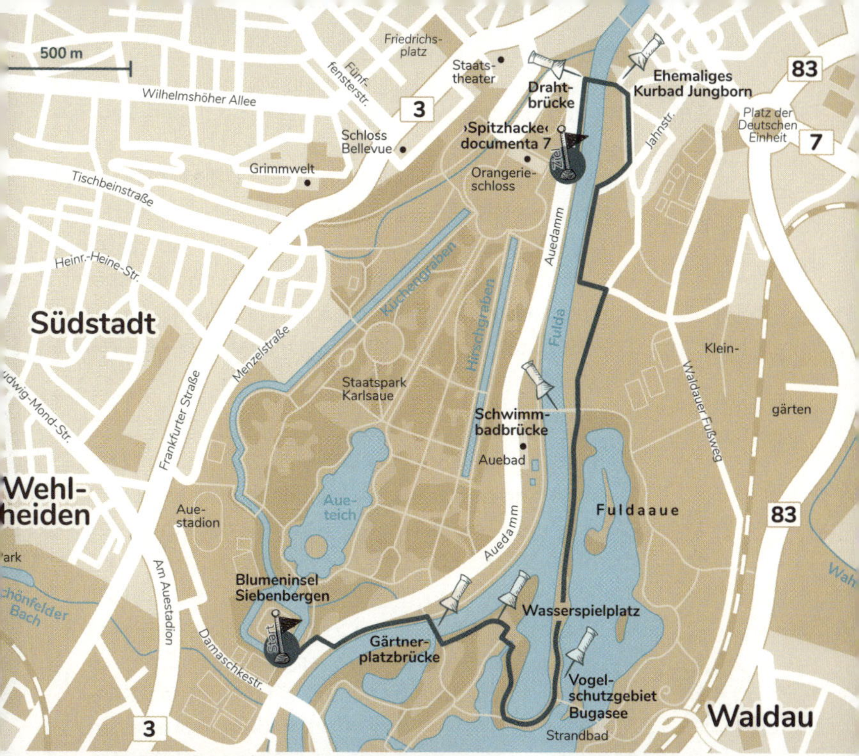

AN DER FULDA ENTLANG (ANDERERSEITS)

Start: Spitzhacke **Ziel:** Blumeninsel Siebenbergen
Dauer: ca. 1 Stunde **Länge:** 3,5 km
Strecke: flach, teilweise Kopfsteinpflaster, leicht
Anfahrt: Bus 16, Haltestelle »Orangerie«

Von der Spitzhacke aus gibt es einen schönen Spaziergang auf der Unterneustädter Seite der Fulda. Wir gehen ein paar Meter flussabwärts über die **DRAHTBRÜCKE** in Richtung **UNTERNEUSTADT**.

Die Fußgängerbrücke gibt es schon seit gut 150 Jahren, allerdings nicht mehr in der Ursprungsausführung. Trotzdem kann man beim Blick über die Fulda eine kleine Zeitreise machen. Überall hier am Fuldaufer gab es früher Badeanstalten.

BADEANSTALTEN AM FULDAUFER

Ihre Blüte erlebten sie in den 1920er Jahren. Damals gab es noch keine Freibäder, aber seit 1923 das erste städtische Flussbad in der Nähe des heutigen **Auebades**. Auf einer Strecke von gut 300 Metern lag die Badeanstalt direkt an der Fulda. Es gab sieben Schwimmbecken, die über Stege auf Betonpfeilern erreichbar waren. Zu Beginn des 20. Jahrhunderts konnten die Kasseler zwischen drei Badeflößen, vornehmen Holzbadeanstalten und zwei Badeschiffen wählen. Wer damals den Eintritt zum Schwimmbad sparen wollte, der vergnügte sich unterhalb des Kasseler Hafens im Fluss. Am Ende der Schützenstraße war der Zugang zum Wasser. Und wenn dann noch der legendäre Dampfer Elsa vorbeikam, war das eine Attraktion.

Wer sich für die Badekultur in dieser Zeit interessiert, sollte direkt hinter der Drahtbrücke nach links abbiegen. Dort befindet sich das **EHEMALIGE KURBAD JUNGBORN**, das von einem Förderverein saniert wurde. Auf der Terrasse des **CAFÉS** kann man herrlich und mit Fuldablick sitzen. Drinnen gibt es eine Ausstellung zur heimischen Badekultur. Das Kurbad Jungborn ist

Die Drahtbrücke als Verbindung

ein Kulturdenkmal, die moderne Bebauung drumherum wurde auf einem Bodendenkmal errichtet. Die engen Gassen in der (neuen) Unterneustadt erinnern an die frühere Bebauung. Hier standen mal Fachwerkhäuser dicht an dicht. Im Zweiten Weltkrieg wurde das Quartier jedoch nahezu komplett ausradiert. Heute ist es eine sehr beliebte Wohngegend in Fuldanähe – auf historischem Grundriss.

Kurbad Jungborn
Sternstraße 20
34123 Kassel
Tel.: 0561-47555960
www.kollektivcafe-kurbad.org
Öffnungszeiten Café:
Mo., Do., Fr. & Sa.
12 – 19 Uhr, So. 12 – 18 Uhr
Öffnungszeiten Museum:
Do. – Mo. 14 – 19 Uhr
Eintritt frei, Führungen
tel. unter: 0172-5655800

Flussbad an der Fulda (1923)

TIPP

Bei schönem Wetter kann man sich irgendwo am Hang mit einer Decke hinsetzen oder die Füße mal kurz ins Wasser halten.

Das kann man auf dem weiteren Weg durch das Quartier nicht nur erahnen, es gibt auch noch Relikte aus der Vorkriegszeit. Dazu gehört der etwas versteckte **UFERWEG** am Ende der Jahnstraße. Hier liegt das Pflaster noch so wie früher. Der idyllische Weg führt ein kurzes Stück direkt am Wasser entlang.

NATUR

Verlaufen kann man sich hier nicht. An der Kreuzung zum Waldauer Fußweg geht es nach rechts Richtung **SCHWIMMBADBRÜCKE**. Wer Lust hat, kann hier einen kleinen Abstecher zur Vogelbeobachtung im angrenzenden Naturschutzgebiet machen. Einfach noch ein Stück geradeaus gehen und dann nach links. Zwischen den Brettern des Sichtschutzes hat man Einblick in das **VOGELSCHUTZGEBIET** des zur Bundesgartenschau 1981 angelegten **BUGASEES**.

Auch um den See herum gibt es schöne Wege. Wir bleiben aber in Fuldanähe, biegen nach rechts Richtung **WASSERSPIELPLATZ** ab und kommen von hier immer dem Hauptweg folgend zur **GÄRTNERPLATZBRÜCKE**.

DIE BADEANSTALTEN AN DER DRAHTBRÜCKE VOR GUT 100 JAHREN

Der gepflasterte Pfad entlang der Fulda

Sehenswert

Bei schönem Wetter steht auf der Auedammseite ein Wagen mit italienischem Eis. Nach links am Auedamm entlang geht es zur **BLUMENINSEL SIEBENBERGEN**. Wer nicht schon in einem der bewirtschafteten Bootshäuser eingekehrt ist, sollte sich auf der Terrasse des Pavillons vor der Blumeninsel einen Platz sichern.

Das ehemalige Kurbad Jungborn: heute Café mit Ausstellung

5

VON SCHNUGGE UND SCHMEGGE-WÖHLERCHEN

Ein bunter Spaziergang durch die Geschichte Kassels, erzählend von Linearuhren, Einblicken zur Geschichte der Hugenotten, Mahnungen zum Zweiten Weltkrieg und vielem mehr. Abgerundet mit nordhessischen Anekdoten und Einkehrmöglichkeiten von süß bis deftig. Besonders zu empfehlen donnerstags bis samstags, dann hat die Markthalle nämlich geöffnet.

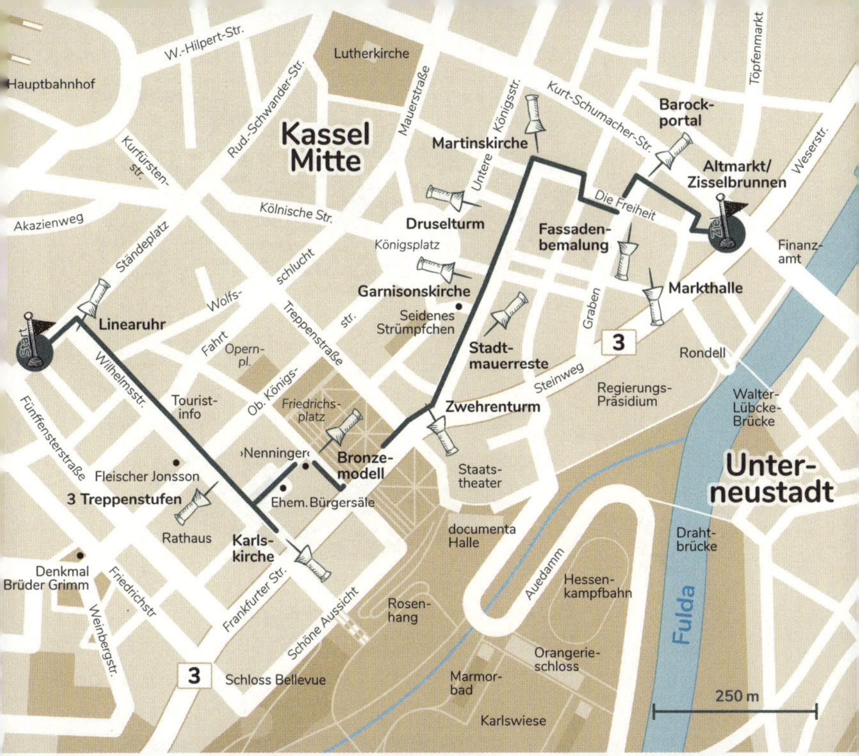

Start: Ständeplatz

Ziel: Markthalle

Dauer: ca. 1 Std. 30 Min.

Länge: 2,5 km

Strecke: asphaltiert

Anfahrt: Tram 4 und 8

WILHELMSSTRASSE

START

Wir beginnen unseren Spaziergang an der oberen **WILHELMSSTRASSE** (Straßenbahnhaltestelle Wilhelmsstraße/Stadtmuseum). Benannt wurde sie nach Landgraf Wilhelm VIII. (einem Sohn Landgraf Karls). Er begründete unter anderem die weltberühmte Kasseler Gemäldegalerie. Zudem gilt er als Erbauer des **SCHLOSSES WILHELMSTHAL** vor den Toren Kassels, das zu den bedeutenden Rokokoschlössern Deutschlands gehört. Auf der anderen Straßenseite ist das **STADTMUSEUM** zu erkennen, das in sehr anschaulicher Weise die Geschichte Kassels seit ihrer ersten urkundlichen Erwähnung im Jahre 913 dokumentiert. Nachhaltig beeindruckend, aber auch bedrückend: In einem abgedunkelten Raum wird ein Modell der Stadt nach den Zerstörungen der Bombennacht im Oktober 1943 gezeigt.

Stadtmuseum
Ständeplatz 16
34117 Kassel
Tel.: 0561-7874405
www.stadtmuseum-ks.de
Öffnungszeiten:
Di., Do. – So. 10 – 17 Uhr
Mi. 10 – 20 Uhr
Eintritt: 4 € Erwachsene,
3 € ermäßigt,
frei bis 18 Jahre

Wir stehen jetzt am Beginn der Wilhelmsstraße. Hier steht ein Objekt, das man auf den ersten Blick sicher nicht gleich zuordnen kann. Nehmen Sie sich ruhig ein wenig Zeit und versuchen Sie, zu entschlüsseln, was es darstellen soll. Es handelt sich um eine **LINEARUHR**, die hier seit über 40 Jahren ihren Platz hat.

Die Linearuhr Ein Projekt des Künstlers Peter Hertha, der an der Universität Kassel Ingenieurwissenschaften studiert hat. Um die Uhr zu entschlüsseln, muss man lediglich ein wenig Addition beherrschen. Die 39 Glühbirnen sind in sechs Gruppen aufgeteilt. Die ersten beiden Lampen zeigen an, ob die Uhrzeit mit einer 1 oder einer 2 beginnt (also die Zehnerstunden), die nächsten beiden Gruppen stellen die Zehnerminuten und Einerminuten dar, gefolgt von Zehnersekunden und Einersekunden. Zugegeben – ein Blick auf die eigene Uhr am Handgelenk geht schneller, um zu erfahren, wie spät es gerade ist, aber das Entschlüsseln der Linearuhr macht deutlich mehr Spaß.

Vom oberen Teil der Wilhelmsstraße hat man einen schönen Blick hinunter zur **KARLSKIRCHE**, dem früheren geistigen Zentrum der französischen Hugenottensiedlung. Aber dazu später mehr.

Wir gehen die Wilhelmsstraße hinunter und kommen bald auf der linken Seite an der **TOURIST INFORMATION** vorbei, wo Sie sich mit reichlich Info-Material eindecken können. Auch Kassel-typische kleine Geschenkartikel werden hier angeboten. Es geht weiter die Wilhelmsstraße hinunter. Kurz vor der Königsstraße sehen wir auf der rechten Seite das **FLEISCHERGESCHÄFT JENS JONSSON**. Sie haben jetzt schon Appetit? Die Kochwurst ist ein Gedicht!

Wir überqueren die Königstraße (Achtung! Straßenbahnen aus beiden Richtungen!) und gelangen an ein Objekt, mit dem man wahr-

Tourist Information
Wilhelmsstraße 23
34117 Kassel
Tel.: 0561-707707, E-Mail: info@kassel-marketing.de

Jens Jonsson FLEISCHHANDWERK
Obere Königsstraße 21
34117 Kassel
Tel.: 0561-33722
www.fleischhandwerk.de
Öffnungszeiten:
Mo. – Fr. 7 – 18 Uhr
Sa. 9.30 – 16 Uhr

scheinlich so gar nichts richtig anzufangen weiß: **DREI TREPPENSTUFEN**, die, wenn man sie hinabgeht, auf einem kleinen kopfsteingepflasterten Areal enden. Hier soll auf ziemlich eindrucksvolle Art dargestellt werden, warum Kassel so aussieht, wie wir es heute erleben.

Wir schreiben den 22. Oktober 1943. Der Zweite Weltkrieg dauert nun schon 1.513 Tage. In Kassel ist es ein schöner Herbsttag mit herrlich blauem Himmel. Die Menschen in dieser Stadt haben jedoch nach langen Kriegsjahren ein Gespür dafür entwickelt, was ein wolkenloser Himmel bedeuten kann: Ideales Wetter für einen Bombenangriff. Am Abend ertönen tatsächlich die Sirenen. Diesmal kommt es ganz schlimm. Es gibt keinen Voralarm, sondern gleich Vollalarm. Es bleibt wenig Zeit, die vorhandenen Schutzräume aufzusuchen. Kurze Zeit später werfen 444 britische 4-motorige Lancaster-Bomber ihre tödliche Last auf die Stadt. Die Kasseler Altstadt, ein über viele Jahrhunderte gewachsenes Fachwerkjuwel, geht unter der vernichtenden Ladung von mehr als 400.000 Bomben in Flammen auf. Nach 45 Minuten ist alles vorbei. Nahezu 100% der Altstadt werden zerstört. Rund 10.000 Menschen, darunter 2.000 Kinder sterben.

Wir gehen hinunter und schon stehen wir auf dem Niveau, auf dem das Rathaus erbaut wurde. Eine kleine Plakette weist darauf hin. Die nächste Treppenstufe soll symbolisch darstellen, dass bei dem oben geschilderten Bombardement Millionen Tonnen Schutt angefallen sind mit der Folge, dass sich das Niveau der Stadt in einem riesigen Areal sozusagen »angehoben« hat. Eine ganz schreckliche Vorstellung. Die nächste Treppenstufe zeigt, dass in der Wilhelmsstraße in den späten 80er Jahren umfangreiche Sanierungsmaßnahmen (z. B. neue Kanalisation) vorgenommen wurden.

Auf die **KARLSKIRCHE** hatten wir schon hingewiesen.

DIE KARLSKIRCHE

Einst war dieses kleine Gotteshaus das geistige Zentrum der früheren Oberneustadt, einer Ansiedlung von französischen Glaubensflüchtlingen, den Hugenotten. Landgraf Karl persönlich legte 1698 den Grundstein für diese Kirche, ein Denkmal davor erinnert an ihn. Er war es, der Ende des 17. Jahrhunderts die französischen Glaubensflüchtlinge einlud, sich in Kassel niederzulassen. Nicht aus reiner Menschenfreundlichkeit, ein wenig Kalkül stand schon dahinter, waren doch die Hugenotten gut ausgebildete und handwerklich äußerst geschickte Leute. Ein hugenottischer Baumeister, Paul du Ry, war es auch, der die französische Oberneustadt planen und erbauen ließ. Hier, wo wir jetzt stehen, war gewissermaßen das geistige Zentrum dieses Wohnviertels. Bis 1867 wurde in der Karlskirche sogar noch auf Französisch gepredigt. Die Kirche wurde im Zweiten Weltkrieg stark zerstört.

SEHENSWERT

Neben den übrigen sie umgebenden Gebäuden wirkt sie heute eher unscheinbar. Schmuck oder Verzierungen sucht man vergebens, allenfalls ihre achteckige Form fällt ins Auge. Gleichwohl weist die Kirche ein musikalisches Kleinod auf: Ein 45-teiliges Glockenspiel, ein **CARILLON**, das von dem

Karlskirche
Karlsplatz 1
34117 Kassel

Carillonneur mit viel Muskelkraft, sozusagen mit Händen und Füßen, gespielt wird. Es gibt in Deutschland nur etwa 40 solcher Glockenspiele. 1957 wurde es auf der Karlskirche installiert. Vielleicht haben Sie Glück, bei Ihrem Aufenthalt in Kassel das weithin hörbare Glockenspiel zu erleben.

Wir gehen nach links weiter am **KARLSPLATZ** entlang, der sich im Moment noch als Parkplatz darstellt, weil über eine geplante Umgestaltung bisher noch nicht abschließend entschieden ist. Vor dem Krieg stand hier die Gaststätte »Bürgersäle«, ein bei der Bevölkerung beliebtes Lokal, gleichzeitig aber auch Treffpunkt von SA- und NSDAP-Mitgliedern. In den Kellergewölben wurden zahlreiche Menschen erniedrigt und gefoltert. Der in Kassel seinerzeit sehr bekannte jüdische Rechtsanwalt Dr. Max Plaut beispielsweise starb dort nach erlittenen Misshandlungen am 31. März 1933.

Jetzt wird's kulinarisch. Wir erreichen das **CAFÉ NENNINGER**, ein Familienbetrieb in 3. Generation. Gehen Sie ruhig hinein, wenn Sie Lust auf ein »Schmeggewöhlerchen« haben. Was ist das denn? Kurz gesagt: Alles, was gut schmeckt. Hier findet man eine riesige Auswahl an Torten (besonders zu empfehlen: Schmandkuchen) und selbst hergestelltes Eis. Wenn es etwas herzhafter sein soll: Probieren Sie den »Hessenteller«, und Sie erhalten eine Auswahl von allem, was man in Kassel einfach probieren muss: Speckkuchen, Grüne Soße und nicht zu vergessen die Ahle Worschd.

Wir verlassen das Café in Richtung Friedrichsplatz und erkennen schon von weitem einen **BETONSOCKEL**. Auf Initiative des Kasseler Gästeführervereins und der Freun-

EINKEHR-TIPP

Café Nenninger
Friedrichsplatz 8
34117 Kassel
Tel.: 0561–7661690
www.cafe-nenninger.de
Öffnungszeiten:
Mo. – Sa. 9 – 18 Uhr, Sonn- & Feiertage 10 – 18 Uhr

KURIOS

Nenninger verkauft – allerdings nur in der Vorweihnachtszeit – eine besondere Spezialität, den Cassler Hornaffen. Ein Gebäckstück, das bereits 1422 (!) urkundlich erwähnt wurde. Hergestellt aus Plunderteig und mit Rosinen, Orangeat und Marzipan gefüllt. Oben kommen noch Mandeln drauf. Nicht gerade kalorienarm, aber lecker!

de des Stadtmuseums ist hier aus Anlass des 75. Jahrestages der Zerstörung Kassels ein **BRONZEMODELL** entstanden, das Kassel so zeigt, wie es vor dem Krieg einmal war. Man erkennt im unteren rechten Teil die Karlskirche und drumherum angelegt die ehemalige Oberneustadt, die wir gerade verlassen haben. Der Friedrichsplatz mit dem **MUSEUM FRIDERICIANUM** direkt gegenüber sind gut zu erkennen. Es wurde 1779 durch den hugenottischen Baumeister Simon Louis du Ry vollendet und war seinerzeit eines der ersten öffentlichen Museen in Europa. Auch das ehemalige Preußische Staatstheater und die Karlsaue sind anschaulich dargestellt.

Sehenswert

Schräg nach rechts über den Friedrichsplatz geht es weiter. Werfen Sie mal einen Blick auf den Turm der **ST. ELISABETHKIRCHE**. Da oben steht doch ...? Richtig! Ein Mann mit ausgebreiteten Armen, besser gesagt, eine Skulptur. Damals Stein des Anstoßes bei der künstlerischen Leiterin der documenta. Es gab seinerzeit so-

Bronzemodell, das Kassel vor dem Krieg zeigt

Mann im Turm

St. Elisabethkirche
Friedrichsplatz 13
34117 Kassel
Tel.: 0561-874221
www.elisabeth-kassel.de

gar einen Feuerwehreinsatz, weil einige Kasseler befürchteten, es wolle sich jemand vom Kirchturm stürzen.

Wir gehen jetzt rechts am **MUSEUM FRIDERICIANUM** vorbei und biegen ein in die Oberste Gasse. Hier erreichen wir den **ZWEHRENTURM**, einziges noch erhaltenes Stadttor in Kassel. 1330 erbaut, war er seinerzeit Haupteingang in das mittelalterliche Kassel. Im Krieg stark zerstört, wurde er Ende der 50er Jahre wiederhergestellt. 1977 wurde anlässlich der documenta dort ein Kunstwerk installiert, der **LASERSCAPE**. Jeden Samstagabend mit Einbruch der Dunkelheit gibt es ein tolles Spektakel: Mehrere Laserstrahlen erstrahlen über der Stadt: Einer geht direkt hinauf bis zum Herkules, ein weiterer trifft auf das Orangerieschloss in der Karlsaue, wo er über Spiegel gelenkt den barocken Achsen der Anlage folgt. Ein faszinierendes Schauspiel.

SEHENSWERT

FRIEDRICHSPLATZ MIT ZWEHRENTURM

Wir sind jetzt mitten in der Altstadt. Zeit also, Sie ein wenig mit »Kasselänisch« vertraut zu machen:

DE HUNDEDUDDE

N Kasseler Fleischer hadde de Idee, abends norremoh for n kleenen Umsadds ze sorjen un bohd Hundedudden for zwei Marchg (oder Euro) an – voll midd Abschnidden und Resden, also alles Sarren, die sich nidd mehr vergaufen liesen. Un dahdsächlich: Ds Geschäfd lief grossarchdich. De Hundedudde wurchde der Renner. Un erschbarde dm Fleischer viel zeidraubende Uffräumarbeid in sinnem Bedrieb.

Wenns um »Schnäbbchen« gehd, sinn Norchdhessen im allgemeinen sehr geschäfdsdüchdich. Un so kams, wie s kommen mussde. Mudder Heinrich schigged ihren 10-jährijen Sohn Alfred los. Der schdelld sich im Laden brav an, bis häh an de Reihe kimmed un de Vergäuferin emme frahchd: »Na Junge, was derfs dann sin?« Alfred: »For zwei Marchg ne Hundedudde. Aber kinne Bludwurschd, die issd dr Vadder nämlich nidd«.

Wenn man nun gleich hinter dem **PORZELLANHAUS HORNSCHU** einen kleinen Schlenker nach links macht, stößt man auf Überreste der ehemals hier entlang verlaufenden **STADTMAUER**. Es geht weiter die Oberste Gasse entlang. Wir kommen an eine kleine Gasse, die den seltsamen Namen **SEIDENES STRÜMPFCHEN** trägt.

Haben hier etwa gewisse Herren auf gewisse Damen gewartet? Könnte man vermuten, ist aber wohl nicht so. Eine wahrscheinliche Annahme: Die Gasse endete früher als Sackgasse, als Seitenstumpf. Und aus »Seitenes Stümpfchen« wurde irgendwann einmal als Verballhornung »Seidenes Strümpfchen«.

Il Convento
An der Garnisonkirche 2
34117 Kassel
Tel.: 0561-8619446
www.il-convento.com
Öffnungszeiten:
Mo. – So. ab 12 Uhr

Wir stoßen anschließend auf die sogenannte **GARNISONKIRCHE**. Die 1770 eingeweihte spätbarocke Kirche diente als Predigtstätte für Militärangehörige und wurde im Krieg bis auf die Grundmauern zerstört. Im Innern ist heute das italienische **RESTAURANT IL CONVENTO** untergebracht, in dem man äußerst stilvoll speisen kann.

Wir bleiben auf der »Oberste Gasse« und sehen nach wenigen Schritten auf der linken Seite den **DRUSELTURM**. Er wurde vor mehr als 600 Jahren errichtet, genauer gesagt im Jahr 1415, wie auf einer kleinen Tafel nachzulesen, und war Teil der Kasseler Stadtbefestigung. Seinen Namen bekam er durch den Druselbach, der die Stadtmauer umspülte.

Wir sind an der **MARTINSKIRCHE** angelangt, Kassels größter Kirche, in der im Jahr 1732 sogar Johann Sebastian Bach die Orgel gespielt hat. Bereits 1364 wurde mit ihrem Bau begonnen, ihr Aussehen hat sie seitdem mehrfach verändert.

DIE MARTINSKIRCHE

In ihrem Innern befindet sich ein **Grabmal** aus Alabaster und Marmor für Landgraf Philipp den Großmütigen, einem der bedeutendsten Landesfürsten im Zeitalter der Reformation und dessen Ehefrau. Die Kirche wurde 1943 durch britische Fliegerbomben stark beschädigt. Dabei wurde auch die mächtige **Osannaglocke** zerstört, deren Fragmente im Innern gleich links neben dem Eingang zu sehen sind. Ein Schmuckstück dieser Kirche ist sicherlich die **Rieger-Orgel** (benannt nach der österreichischen Orgelbaufirma), die 2017 eingeweiht wurde. Sie erstreckt sich über die gesamte Breite der Westempore und gilt mit 7.000 Pfeifen als größte Orgel Deutschlands.

Anschließend gehen wir nach links die Straße Freiheit hinunter und erkennen schon aus der Ferne ein Haus mit auffallend bunter Fassadenbemalung. Dahinter steckt das Kasseler Street-Art-Projekt **KOLORCUBES**. Sie machen attraktive Wände ausfindig, vermitteln Kontakt zu Hauseigentümern und laden dann internationale Künstler ein, diese Wände aufwendig zu bemalen. Machen Sie sich keine Gedanken darüber, was dieses riesige Bild darstellen soll, sondern erfreuen sich einfach an dem wunderbaren Farbenspiel und den fantasievollen Gestalten.

Martinskirche
Martinsplatz 5a
34117 Kassel
Tel.: 0561-770267
www.ekkw.de/kassel/gemeinden/martinskirche.html

Machen wir noch einen kleinen Schlenker nach links in die Gasse Graben. Nach wenigen Metern sehen wir auf der

Sehenswert

Fassadenmalerei der Kolorcubes

rechten Seite ein eindrucksvolles **BAROCKPORTAL**. Es gehörte zu einem Haus in der Marktgasse, die vom Altmarkt hinauf zur Martinskirche verlief. Sie existiert nicht mehr. Man kann deren Verlauf aber erahnen, wenn man durch das Portal hindurchtritt. Wir sind hier in einem typischen Hinterhof der 50er Jahre und umgeben von Häusern aus dieser Zeit. Wir kommen nun auf die Wildemannsgasse, die prächtige **MARKTHALLE** ist schon zu sehen. Machen wir kurz vorher noch einen kleinen Schwenk nach links, und wir erreichen eine der vielbefahrensten Kreuzungen dieser Stadt – den **ALTMARKT**. Gleich zu erkennen der **ZISSELBRUNNEN**. Reliefartig eingelassen sind einige markante Fachwerkhäuser – u. a. das **ALTSTÄDTER RATHAUS**, das in unmittelbarer Nähe gestanden hat. Der Hering verweist auf Kassels traditionsreiches Heimatfest, den **ZISSEL**, der bereits seit 1926 immer am ersten Wochenende im August stattfindet. Bei den beiden wasserspeienden Gesellen handelt es sich um **EPHESUS UND KUPILLE**, zwei Kasseler Altstadtoriginale aus vergangenen Zeiten. Was Tünnes und Schäl in Köln, das waren Ephesus und Kupille in Kassel. Sie lebten einfach getreu dem Motto »Mäh sinn mäh, un mäh sinn au wer!«. Mit Gelegenheitsarbeiten haben sie das nötige Kleingeld verdient, um ihrem liebsten Hobby zu frönen, dem Alkohol.

SEHENSWERT

Kleine Kostprobe gefällig? Dr Kupille hadde sich fesde vorgenommen, midd dm Suffen uffzehörn. Eines Dahres gehd dr Ephesus in dr Aldschdadd bummeln un siehd derchs Fensder von dr »Pinne« (frühere Altstadtkneipe) sinnen Kumbbel an dr Dehge stehn. Rin ins Lokal, an den Gäsden vorbie un dm Herchzebruder uff de Schulder geklobbed. »Kerle, bisd joh schon widder hier!« »Verdammich norre moh! Was widde marren?«, stöhnd dr Kupille un hold dief Lufd. »Wie ich hunnerd Meder vor dr Pinne de Schdrohse nuffging, honn ich zu mäh geschbrorren: Seele, sei schdarchg! Wie ich vor dr Wirdshusdähre war, honn ich zu mäh norremoh geschbrorren: Seele, sei schdarchg! Un wahrhafdich: Ich bin an dr Kneibe vorbie. Doh honn ich mäh gesachd: Seele, Du warchsd schdarchg. Dofor sod de au belohnd wern. PROST«

Jetzt aber auf zur **KASSELER MARKTHALLE**. Nehmen Sie die Größe und Schönheit dieses Gebäudes am besten zunächst von außen wahr. Erbaut wurde das Gebäude Ende des 16. Jahrhunderts im Stil der Weserrenaissance. Das Gebäude wurde im Erdgeschoss zunächst als Pferdestall (Marstall) genutzt. Das Obergeschoss diente als Lager für Kunstobjekte und Raritäten. Später ließ Landgraf Wilhelm seine kostbare Bibliothek dort unterbringen. Auch dieses Gebäude wurde im Krieg fast vollkommen zerstört, Ende der 1950er Jahre aber nach historischen Vorlagen wieder aufgebaut.

Café Markttreff in der Markthalle
Wildemannsgasse 1
34117 Kassel
www.cafe-markttreff.de
Tel.: 0561-15076
Öffnungszeiten: Do. & Fr. 7 – 18 Uhr, Sa. 7 – 14 Uhr

Zisselbrunnen mit Ephesus und Kupille

Unsere Markthalle

Der Autor vor der Markthalle

Einkehr-Tipp

Als Markthalle wird das Gebäude seit Mitte der 60er Jahre benutzt. Markttage sind Donnerstag bis Samstag. Wenn Sie bisher noch keinen Hunger verspürt haben, spätestens jetzt wird Ihnen das Wasser im Mund zusammenlaufen. Im **CAFÉ MARKTTREFF** gibt es regionale »Schmeggewöhlerchen«. Was das ist, haben wir ja schon gelernt. Gastronomie ist reichlich vertreten, Hunger und Durst werden also bestimmt gestillt. Unbedingt probieren sollte man die Ahle Worschd. Samstags ist es oft recht voll, dann könnte es schwierig werden, einen Platz zu bekommen.

Von der Markthalle sind es nur wenige Schritte entweder »runner zur Fulle oder ruff in de Innenschdadd« – Sie haben die Wahl.

AHLE WORSCHD

WISSENSWERT

Ahle Worschd zählt sicher mit zu den Lieblings-Schmeggewöhlerchen bei uns – die muss man einfach im Haus haben. Wenn man echte Qualität erhalten will, kauft man sie nicht im Supermarkt, sondern beim Metzger des Vertrauens. Die Landfleischerei Hain, hier in der Markthalle, ist sicher eine gute Adresse. Wenn man Bioqualität bevorzugt, geht man zur Biometzgerei Armbröster. Ein sehr breites Angebot bietet die Landfleischerei Koch in Calden nahe bei Kassel. Sie ist in der Markthalle leider nicht vertreten, verfügt aber über einen sehr guten Onlineshop (www.wurstehimmel.de). Verwendet werden für die Ahle Worschd spezielle Wurstschweine, die erst ab einem bestimmten Gewicht schlachtreif sind. Die Ahle Worschd gibt es als »Stracke« in gerader Form oder »Dürre Runde«, geräuchert oder luftgetrocknet. Traditionelle Gewürze sind natürlich Salz und Pfeffer und etwas Salpeter für die Umrötung. Je nach Metzger kommen noch Piment, Nelke, Kümmel, Muskat und neuerdings auch Fenchel hinzu.

AHLE WORSCHD

6

Wir beginnen unseren Rundgang heute am Weinberg, also dort, wo die Grimmwelt steht, eine Erlebniswelt, die sich mit dem Leben und Wirken der Brüder Grimm intensiv auseinandersetzt. Einen Besuch der Grimmwelt sollte man sich bei einem Aufenthalt in Kassel auf jeden Fall gönnen. Zudem wird von der Gastronomie der Grimmwelt ein Biergarten betrieben, einer der beliebtesten in Kassel.

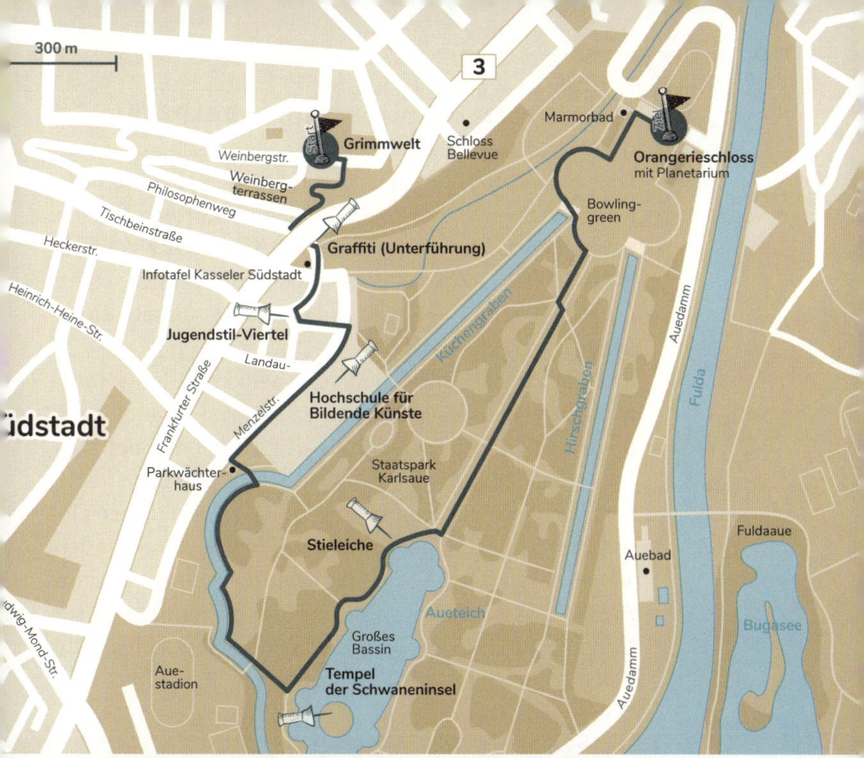

VOM WEINBERG IN DIE KARLSAUE

Start: Grimmwelt
Ziel: Orangerieschloss
Dauer: ca. 2 Stunden
Länge: 3,5 km
Strecke: asphaltiert, Treppen, Parkanlage
Anfahrt: Tram 1, 3, 4, 5, 6, 8

Zunächst gehen wir einmal vor zu den **BALUSTRADEN**, die von vielen Einwohnern als Kassels schönster Balkon bezeichnet werden und genießen die herrliche Aussicht über Kassels Südstadt. Am Horizont sind die mächtigen Schornsteine des **VOLKSWAGENWERKS BAUNATAL** sichtbar. Wenn man ganz nach rechts schaut, erkennt man oben auf der Höhe Kassels Wahrzeichen, den **HERKULES**.

DER WEINBERG ist ein Millionen Jahre alter Muschelkalkfelsen, auf dem tatsächlich einmal Wein angebaut wurde. Gegen Ende des 18. Jahrhunderts erfolgte der Verkauf des bis dahin fürstlichen Besitzes an verschiedene Bürger mit der Folge, dass die Flächen eingeteilt und als Bürgergärten ihre Verwendung fanden. Ab 1800 wurden hier bei der Bevölkerung sehr beliebte Ausflugslokale eröffnet. Die Gewölbe im Weinbergfelsen dienten als Eiskeller. Die Eisschollen selbst kamen aus der nahegelegenen Fulda. Früher, als die Winter noch Winter waren.

Familie Henschel Etwa Mitte des 19. Jahrhunderts begann die Bebauung des Weinbergs mit Stadtvillen. Höhepunkt war sicherlich der Bau zweier mächtiger Villen der Fabrikantenfamilie Henschel, die nicht mehr existieren. Um den Bau der größeren Villa überhaupt zu ermöglichen, wurde der Familie Henschel zur Auflage gemacht, Stützmauern zu errichten, um den Hang abzusichern, die **Henschelbögen**. Wir erkennen sie, wenn wir uns nachher auf der anderen Seite der Frankfurter Straße befinden. Aus der Zeit der Bebauung mit den Henschel-Villen stammen auch die heute noch erkennbaren Terrassierungen des Areals mit hohen Natursteinmauern, mit Treppen und mit schmiedeeisernen Geländern. Henschel ließ ebenfalls ein großes Gewächshaus auf der zentralen Terrasse bauen, von dem Fragmente heute noch vorhanden sind.

Im Zweiten Weltkrieg wurde der Weinberg als Schutzraum ausgebaut. In der schrecklichen Bombennacht vom 22. Oktober 1943 suchten hier über 7.000 Menschen Schutz (zwei Menschen mussten sich 1 qm teilen!) Man stelle sich die drangvolle Enge vor, das Vibrieren des Felsens, den Sauerstoffmangel infolge des Feuersturms, der in Kassel gewütet hat, die panische Angst, hier nicht mehr lebend rauszukommen.

Nach den furchtbaren Zerstörungen des Zweiten Weltkriegs lag das Gelände lange Zeit brach. Zur ersten Bundesgartenschau, die 1955 in Kassel stattfand, wurde es in eine Parkanlage umgewandelt. Es hat in den letzten Jahren mit Hilfe zahlreicher Sponsoren umfangreiche Restaurierungsmaßnahmen gegeben, um den Flair der ehemaligen Anlage wieder aufleben zu lassen. Wenn wir die Treppen hinabsteigen, werden wir erkennen, dass man hier wieder mit viel Aufwand ganz alte deutsche Apfel- und Birnensorten angepflanzt hat. Oder haben Sie schon mal von der Birne »Jeanne d'Arc« gehört oder von der »Lippoldsberger

TIPP

Der Feuerwehrverein bietet einmal im Monat Bunkerführungen an, zu denen man sich aber vorher anmelden muss. Näheres unter www.feuerwehrverein-kassel.de.

Kassels schönster Balkon

Henschelbögen

Rondell an den Weinbergterrassen

Spalierobst in den Weinbergterrassen

Tiefenblüte«? Auch die »Metz Renette« und der »Körler Edelapfel« sind längst in Vergessenheit geraten und sicherlich heute in keinem Supermarkt mehr zu finden.

Foto-Tipp

Wir sind bald unten angelangt und stoßen nach der Beschaulichkeit der Weinbergterrassen unweigerlich wieder auf den Lärm der Frankfurter Straße, eine vielbefahrene Bundesstraße, ehemals Handelsstraße. Etwa in Höhe des Hauses mit der Hausnummer 46 halten wir uns rechts und erkennen eine Straßenunterführung, die wir unterqueren wollen. Es lohnt sich! Hier gibt es viele künstlerisch aufwendig gestaltete Graffiti-Arbeiten zu bewundern. Dieses Areal wurde Graffiti-Künstlern extra hierfür zur Verfügung gestellt. Würden wir dem kleinen Fußweg nach der Unterführung nach links folgen, kämen wir wieder auf die Frankfurter Straße. »Beamtenlaufbahn« wurde dieser Weg früher genannt, wir kommen nämlich gleich in das frühere **BEAMTENVIERTEL** oder **JUGENDSTILVIERTEL**, in dem vor dem Zweiten Weltkrieg zahlreiche Beamte mit ihren Familien gelebt haben.

GRAFFITI IN DER WEINBERG-UNTERFÜHRUNG

VILLA IM BEAMTENVIERTEL

Wir erkennen noch wunderschön erhaltene Bürgerhäuser – in jedem Fall einen kleinen Durchgang wert. Nehmen Sie sich wenige Minuten Zeit und gehen Sie in die Straße »An der Karlsaue« hinein. Dort ist eine Tafel aufgestellt, die viele Informationen über die Kasseler Südstadt liefert, ein Wohnquartier mit ganz vielen Facetten. Wir betreten jetzt mit der »Heckerstraße« ein vornehmes Wohngebiet mit repräsentativen Mietshäusern und Villen. Der vorherrschende Baustil war der Jugendstil, den man in reinster Form später in der Julienstr. 4 und in der Johannesstr. 5 und 7 noch gut erkennen kann. Die »Johannesstraße« führt uns direkt auf die Karlsaue zu. Wir gehen aber noch nicht hinein, sondern halten uns zunächst rechts auf der Landaustraße. Auf der linken Seite erstreckt sich der langgezogene Bau der **KUNSTHOCHSCHULE KASSEL**, einer Hochschule für Bildende Kunst und Fachbereich der Universität Kassel.

SEHENSWERT

Die Landaustraße geht nahtlos in die Menzelstraße über. Es ist nicht mehr weit,

Kunsthochschule Kassel
Menzelstraße 13 – 15
34121 Kassel

Älteste Eiche in der Karlsaue

bis wir die Möglichkeit haben, in die **KARLSAUE** hineinzugehen, eine ursprünglich barocke Parkanlage, die im Laufe der Jahrhunderte nach Prinzipien des Englischen Landschaftsgartens umgestaltet wurde. In dem kleinen gelben Häuschen residierte früher der Parkwächter, der in der Parkanlage seine regelmäßigen Runden drehte. Heute wohnt hier ein Mitarbeiter der Gartenverwaltung.

Die Karlsaue nahe der Fulda ist neben dem Bergpark Wilhelmshöhe die zweite große historische Parkanlage der Stadt und mit 150 Hektar etwa so weitläufig wie das Fürstentum Monaco. Sie sollten sich ausgiebig Zeit nehmen, die künstlich angelegten Teiche und Gräben, die die barocke Konzeption der Anlage noch heute verdeutlichen, ausgiebig in Augenschein zu nehmen. Einen Gesamtüberblick über die Anlage erhalten wir nachher, wenn wir die Orangerie erreicht haben.

Um einen ersten Eindruck von der Schönheit der Karlsaue zu gewinnen, halten wir uns gleich, nachdem wir das Eingangstor durchschritten haben, nach rechts und gehen an dem **WASSERLAUF** entlang. Nehmen Sie die Vielfalt der Natur einfach mal mit allen Sinnen wahr. Mehrere Hundert verschiedene Baumarten, teilweise viele Jahrzehnte alt, begleiten Sie auf Ihrem Weg. Vom Lärm der nur wenige Hundert Meter entfernten vielbefahrenen Frankfurter Straße ist hier nichts mehr zu hören. Idylle pur! Namensgeber für diese Anlage ist – wie könnte es anders sein – Landgraf Karl, der Erbauer des Herkules und der Kaskaden im Bergpark Wilhelmshöhe. Auf der rechten Seite kommen bald die mächtigen Scheinwerfertürme des **KASSELER AUESTADIONS** ins Blickfeld, das 1953 bei seiner Einweihung als ganzer Stolz der Kasseler Bevölkerung galt.

Schon bald erblicken wir den **TEMPEL** der **SCHWANENINSEL**. Würden wir jetzt nach rechts abbiegen, kämen wir nach wenigen Minuten zur **BLUMENINSEL SIEBENBERGEN**.

Frankfurter Auestadion
Frankfurter Str. 143
34121 Kassel

Blumeninsel Siebenbergen
Auedamm 18
34121 Kassel
www.heritage-kassel.de/standorte/insel-siebenbergen
Öffnungszeiten: 1. Apr. – 30. Sept. Mo. – So. & Feiert. 10 – 18 Uhr, 1. Okt. – 31. Okt. Mo. – So. & Feiert. 10 – 17 Uhr
Eintritt: 3 € Erwachsene, 2 € ermäßigt, Schülerinnen & Schüler sowie bis 18 Jahre frei

BLUMENINSEL SIEBENBERGEN

Eine botanische Perle inmitten der Großstadt, die Sie unbedingt besuchen sollten. Nehmen Sie sich dafür aber Zeit. Es ist eine Zauberwelt, ein Pflanzen- und Blütenmeer. Einzig das Geschrei der Pfauen stört vielleicht das Idyll. Überall und zu jeder Zeit blüht und duftet es. Es entfalten sich nie gesehene Blätter, entrollen sich große Farne oder strecken sich mächtige Urwald-Mammutbäume in den Himmel. Hier versammeln sich Pflanzen aus aller Welt: Von den Alpen bis zum Himalaya, von Kanada bis nach Feuerland, vom Libanon bis zur Mandschurei, von Australien bis Kamtschatka.

Blick auf die Orangerie

Planet Mars

Aber das ist heute nicht unser Ziel. Wir nehmen daher den Abzweig nach links. Kurz bevor wir die Hauptachse des Parks erreichen, sehen wir auf der linken Seite einen eingezäunten Bereich. In dessen Mitte steht eine mächtige **STIELEICHE**, mit einem Alter von weit über 400 Jahren der älteste Baum in der Karlsaue. Über 30 Meter hoch. Als sie als Keimling das Licht der Welt erblickte, hatte Kassel gerade mal 5.000 Einwohner. Sie hat viel erlebt: Sie sah Landgrafen kommen und gehen, sie hat den Dreißigjährigen Krieg überstanden, den Ersten und Zweiten Weltkrieg. Vermutlich haben sich unzählige Liebespaare unter ihr ein Stelldichein gegeben.

Nach kurzer Zeit haben wir die Hauptachse des Parks erreicht. Nehmen Sie sich ruhig die Zeit, um sich auf den zahlreich am **GROSSEN BASSIN** aufgestellten Bänken etwas auszuruhen. Wir nähern uns jetzt der Orangerie auf der breiten Allee, die als Relikt der ehemals barocken Anlage die Sichtachse zwischen dem Schloss, dem Großen Bassin und der Insel Siebenbergen bildet.

Man kann sich heute noch gut vorstellen, dass der mitt-
lere Weg einst die Fahrspur für Kutschen und Reiter war,
links und rechts sozusagen begleitet von den Promena-
denwegen. Unter Landgraf Karl wurde sie als Linden-
allee angelegt, während des Zweiten Weltkriegs stark
beschädigt und danach durch Stieleichen ersetzt. Die
Orangerie kommt rasch näher. Auf den letzten Metern
benutzen wir den rechten Promenadenweg, und befin-
den uns auf dem **PLANETENWANDERWEG**, mit dem
die Unendlichkeit des Universums begreifbar wird.

Der Planetenwanderweg Auf einer kleinen Ta-
fel sieht man den Planeten Mars mit einem Durchmes-
ser von 1,4 Zentimetern. Ausgangspunkt ist dabei das
Modell der Sonne über dem Museumseingang der Oran-
gerie mit einem Durchmesser von 2,8 Metern bei einem
Verkleinerungsmaßstab von 1:495 Millionen. Das heißt,
1 km Wanderweg entspricht 495 Millionen Kilometer im
Weltraum. Die Dimensionen des Weltalls werden deut-
lich, wenn man berücksichtigt, dass sich die Modelltafeln
der Planeten Saturn und Uranus außerhalb der Karlsaue
befinden.

Wir sind fast am Ziel angelangt und haben jetzt das
BOWLINGGREEN vor uns, eine bereits 1764 ange-
legte Rasenfläche. Mit etwa 1 Hektar gehört sie zu den
größten Bowlinggreens Deutschlands. Es dient in erster
Linie als Spiel- und Liegewiese, die von der Kasseler Be-
völkerung gern genutzt wird.

Entscheiden Sie ruhig, ob Sie links oder rechtsherum
auf die **ORANGERIE** zulaufen wollen, die wir nach we-
nigen Minuten erreicht haben. Wenn wir vor dem Haupt-
eingang stehen und uns jetzt umdrehen, eröffnet sich uns
ein grandioser Blick in die Karlsaue. Mit den streng geo-
metrisch angelegten Achsen des **KÜCHENGRABENS**
auf der rechten und des **HIRSCHGRABENS** auf der

linken Seite wird deutlich, dass es sich um eine ehemals barocke Parkanlage handelt.

DIE ORANGERIE

Sie wurde Anfang des 18. Jahrhunderts unter Landgraf Karl erbaut. Er und seine Gemahlin Maria Amalia nutzten die Eckpavillons als Sommerresidenz. Die langen Galerien dienten einerseits als Festsäle, andererseits wurden sie für die Zucht und Überwinterung von exotischen Pflanzen benutzt. Daher auch der Name »Orangerie«. Im Zweiten Weltkrieg wurde die Orangerie mit der gesamten Innenausstattung allerdings zerstört und erst 1955 mit der ersten Bundesgartenschau, die in Kassel stattfand, notdürftig wieder hergerichtet.

Astronomisch-Physikalische Kabinett/Planetarium in der Orangerie
An der Karlsaue 20c
34121 Kassel
Anmeldung unter
0561-31680756
www.heritage-kassel.de/standorte/planetarium
Eintritt: 6 € Erwachsene, 4 € ermäßigt, 2 € Schülerinnen & Schüler sowie bis 18 Jahre

Ihre heutige Gestaltung nach historischem Vorbild erhielt sie 1981, als in Kassel erneut eine Bundesgartenschau stattfand. Im unteren Trakt des Mittelbaus ist heute das **ASTRONOMISCH-PHYSIKALISCHE KABINETT** untergebracht. Hier haben Sie Gelegenheit, sich auf eine spannende Zeitreise zu den naturwissenschaftlichen und technischen Entdeckungen der vergangenen Jahrhunderte zu begeben.

Was kaum jemand weiß Ende des 16. Jahrhunderts befand sich in Kassel die erste feststehende Sternwarte Europas. Der damalige Landgraf (Wilhem IV. der Weise) galt damals als Fürst unter den Astronomen und als Astronom unter den Fürsten. In Kassel entstand zwischen 1560 und 1590 der genaueste Sternenkatalog seit Ptolemäus – seit fast 1.500 Jahren also! 30 Jahre lang vermaßen der

Landgraf selbst und zwei Mitstreiter – einer von ihnen der Schweizer Uhrmacher, Mathematiker und Instrumentenbauer Jost Bürgi – die Fixsterne. Um die exakten Positionen der Sterne zu bestimmen, nutzte man u. a. eine Uhr. Bei dieser – von Bürgi entwickelten – »Wunderuhr mit Kreuzschlaghemmung« konnte man 1585, vor Erfindung des Pendels, vermutlich zum ersten Mal auf dieser Erde eine einzelne Sekunde ticken hören! Jost Bürgi war der Wissenschaftssprache Latein allerdings nicht mächtig und konnte deswegen seine bahnbrechenden Erkenntnisse damals nicht veröffentlichen.

Im oberen Trakt des Mittelbaus befindet sich heute Hessens größtes **PLANETARIUM**, ausgestattet mit modernster Technik. In dem quadratischen Gebäude links von der Orangerie steht das **MARMORBAD**, eine der letzten erhaltenen barocken Badeanlagen Deutschlands. Es enthält ein riesiges, in den Boden eingelassenes Wasserbecken, gebadet wurde darin allerdings nie. Landgraf Karl ließ es allein zu repräsentativen Zwecken errichten, als Prunkgemach für die Aufstellung von wertvollen Marmorskulpturen. Es hat mal eine kurze Herrschaft von Jérôme Bonaparte in Kassel gegeben, der jüngste Bruder Napoleons. Er war als »König Lustik« in Kassel bekannt und hat im Marmorbad rauschende Feste gefeiert. Er soll sogar in dem großen Becken gebadet haben – in Rotwein! Und es kommt noch schlimmer! Der Rotwein soll hinterher in Flaschen abgefüllt und verkauft worden sein. Das kann doch nur eine Legende sein, oder?

Hier endet unser Spaziergang. Mit wenigen Schritten gelangen wir über die **GUSTAV-MAHLER-TREPPE** am **KASSELER STAATSTHEATER** vorbei wieder in die Innenstadt. In der anderen Richtung ist man nach genauso kurzer Zeit an der Fulda, wo man es sich in einem der dort zahlreich angesiedelten Restaurants so richtig gut gehen lassen können.

7

DAS MÄRCHENVIERTEL IN NIEDERZWEHREN

Hier heißen die Straßen Däumling, Brüder-Grimm-Weg, Fronhof und Märchenweg. Das klingt wie aus einer anderen Zeit und aus einer anderen Welt. Der Spaziergang durch das Märchenviertel in Niederzwehren vermittelt in der Tat an einigen Stellen das Gefühl, sich nicht mehr in einer Stadt, sondern in einem mittelalterlichen Dorfkern zu befinden.

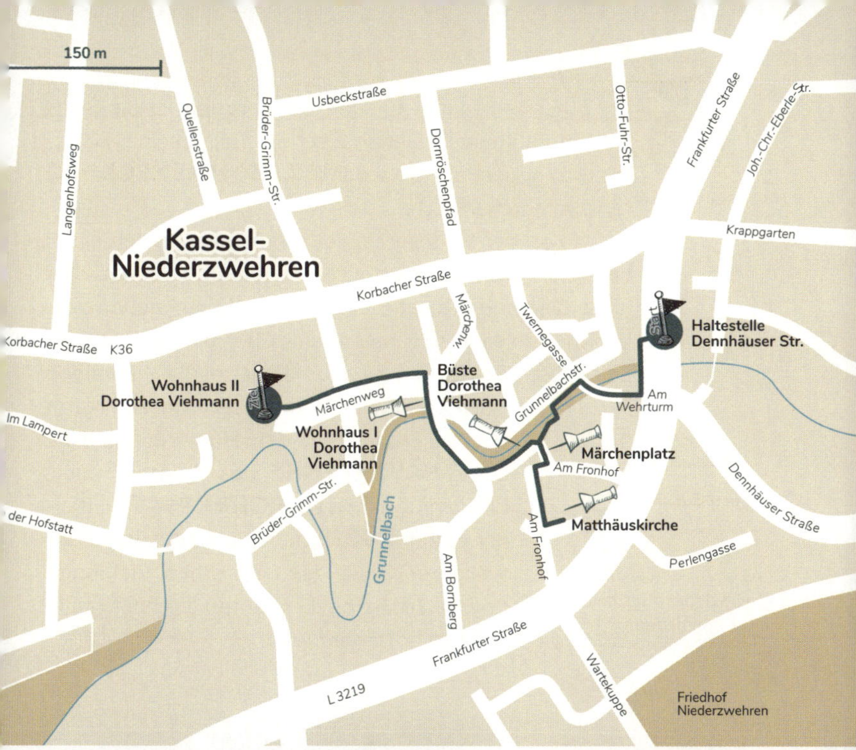

Start und Ziel: Haltestelle Dennhäuser Straße

Dauer: ca. 40 Minuten **Länge:** 3 km

Strecke: einige Steigungen und Treppen, ansonsten einfach

Anfahrt: Tram 5 und 6, Haltestelle »Dennhäuser Str.«

Ein guter Startpunkt für den Spaziergang ist die Straßenbahnhaltestelle Dennhäuser Straße. An einer Hausfassade gegenüber steht der **WILLKOMMENSGRUSS** für das Märchenviertel.

Und an der Haltestelle gibt es im Schaukasten einen Lageplan. Da kann man sich orientieren, muss es aber nicht. Denn das Quartier ist wirklich überschaubar. Verlaufen wird man sich hier kaum. Über die kleine Grunnelbachstraße geht es ein paar Meter am gleichnamigen Bach entlang zu den Gassen Am Wehrturm und Am Fronhof. Vor dem Hügel, auf dem die **MATTHÄUSKIRCHE** das Quartier überblickt, gibt es den **MÄRCHENPLATZ** mit einer ersten **BÜSTE** der wohl wichtigsten Bewohnerin. Diese zeigt Dorothea Viehmann (1755 – 1815), die bekannte Märchenfrau, in fortgeschrittenem Alter.

Matthäuskirche
Am Fronhof 3
34134 Kassel
www.ekkw.de/kassel/gemeinden/matthaeuskirche_kirche.html

WILLKOMMEN IM MÄRCHENVIERTEL VON NIEDERZWEHREN

In zwei Häusern ganz in der Nähe (Märchenweg 11 und 46) hat sie gewohnt. Aufgewachsen ist sie allerdings ein paar Kilometer weiter in Rengershausen. Auf der **KNALLHÜTTE**, um es genauer zu sagen. Die war damals wie heute eine Brauerei.

DIE KNALLHÜTTE

Seit Johann Friedrich Pierson, dem ersten Besitzer und Vater von Dorothea, sind Brauerei und Gasthaus (ab 1752) immer in Familienbesitz geblieben. Die Vorfahren waren hugenottische Glaubensflüchtlinge. Auf der Knallhütte herrschte reger Betrieb. Hier machten die Kutscher Station und trieben mit lautem Peitschenknallen die Pferde die letzte Steigung hinauf. Daher kommt der Name.

KURIOS

Die junge Dorothea muss in der Gaststube viele abenteuerliche Erzählungen, Sagen und Geschichten aus zahlreichen Ländern und Regionen gehört haben. Sie hat sich vieles gemerkt, und Jahre später war die »Viehmännin« eine wichtige Quelle für Jacob und Wilhelm Grimm. »Einer jener guten Zufälle aber war es, daß wir aus dem bei Kassel gelegenen Dorfe Niederzwehren eine Bäuerin kennen lernten, die uns die meisten und schönsten Märchen des zweiten Bandes erzählte«, schreiben die Grimms im Vorwort zu ihren »Kinder- und Hausmärchen«. Der Malerbruder Ludwig Emil Grimm hatte die Viehmännin gezeichnet. Den Verweis auf die »Bäuerin aus Zwehrn« im Vorwort sollte man allerdings nicht zu eng

DIE BÜSTE VON DOROTHEA VIEHMANN

Das Kunstwerk mit den dicken Büchern findet sich im Märchenviertel

Im Märchenviertel gibt es zahlreiche renovierte Fachwerkhäuser

sehen. Weder auf der Knallhütte noch später in Niederzwehren war Dorothea eine Bäuerin. Die Grimms verpassten ihr diesen Stempel, das war damals schon sehr effektives Marketing.

Unbestritten ist, dass Dorothea in der Gaststube der Knallhütte die Geschichten der Fuhrleute hörte. Die machten hier Rast. Abends wurden die Bänke hochgeklappt und Stroh auf dem Boden verteilt. Durch ihre hugenottischen Wurzeln verstand Dorothea auch die Geschichten von französischen Soldaten, die im Siebenjährigen Krieg und auch später in der Gegend waren.

In der Wohnung der Grimms an der Wildemannsgasse in der Kasseler Altstadt saßen die Brüder und Dorothea oft zusammen. Höchstwahrscheinlich haben sie sich kennengelernt, weil die spätere Märchenfrau Butter von der Knallhütte auf dem Markt in Kassel verkaufte. Ein »guter Zufall«, wie die berühmten Märchenbrüder es nannten. Am sehr schön renovierten Fachwerkhaus am Märchenweg 11 befindet sich eine Büste und der Hinweis, dass Dorothea hier mit ihrem Mann wohnte. Später zogen sie ein paar Meter weiter.

Hier wird an Dorothea Viehmann erinnert

Die Grundschule in der Nähe an der Korbacher Straße ist übrigens nach der Märchenfrau benannt.
An der Hausfront hängen die Zeilen des Kasseler Lehrers und Mundartdichters Axel Herwig. Und die gehen so:

Wann de glein bäßd, noch 'en richtijer Grawwelwansd
und rollst iwwer Di'che und Bängge,
weil de doh däh norr nidd groß wehduhn kannsd
un wie Gummi sinn dinne Gelenngge,
dann hoßde, wann's au gnibbed am Aaasche,
noch kinne Angesd vor d'r eich'nen Kuraasche.

Frei übersetzt: »Wenn du klein bist, noch ein richtiges Krabbelkind und springst über Tische und Bänke, und wie Gummi sind deine Gelenke, dann hast du – auch wenn es am Hintern zwickt – noch keine Angst vor der eigenen Courage.« Hätte Dorothea Viehmann auf jeden Fall verstanden.

Interessant

Nach dem Rundgang durch das Märchenviertel geht es zurück zur Haltestelle und mit Siebenmeilenstiefeln (also der Straßenbahn) wieder Richtung Innenstadt und Königsplatz.

8

UNTERWEGS IN DER VILLENKOLONIE MULANG

Ein Spaziergang durch die Villenkolonie ist eine Reise in die Vergangenheit, weil zahlreiche der Villenbauten noch vorhanden sind. Die meisten der Häuser entstanden in den Jahren 1895 bis 1925, teilweise im Jugendstil, aber auch Neoklassizismus und Neobarock sind hier vertreten. Auf diesem Spaziergang schauen wir uns das einmal an!

Start: Haltestelle Wigandstraße
Ziel: Endstation Linie 1, Schloss Wilhelmshöhe
Dauer: ca. 1 Std. 30 Min. **Länge:** 2,5 km
Strecke: asphaltiert, Parkanlage, Treppen, leichte Steigungen
Anfahrt: Tram 4, Haltestelle »Wigandstraße«

So schön die Bauten einst waren, hat es auch hier Kriegsschäden gegeben. In den Jahren nach dem Krieg wurden Häuser oft nur notdürftig repariert, teilweise auch ganz abgerissen. Die Grundstücke wurden mit kleineren Einfamilienhäusern oder Mehrfamilienhäusern bebaut, die sich der Umgebung wenigstens halbwegs anpassen. Ihren Namen hat die Villenkolonie vom »chinesischen« Parkdorf »Mou-Lang«, das wir uns später noch anschauen werden. In den 90er Jahren entstanden hier aber auch »Stadtvillen«, wie man sie in jeder anderen Stadt in Deutschland findet. Gleichwohl ist der Villenkolonie-Charakter noch deutlich erkennbar und »Mulang« dürfte ohne Zweifel zu einer der am besten erhaltenen Villenkolonien seiner Art zählen, die es in Deutschland noch gibt.

Wir beginnen unseren Spaziergang an der Straßenbahnhaltestelle der Linie 4 Wigandstraße. Auf der anderen Straßenseite wird sofort ein ringförmig eingezäuntes Areal auffallen. Hier wurde im Jahr 1978 eine Tiefbohrung erfolgreich beendet, man entdeckte in etwa 680 Metern Tiefe eine **THERMALSOLE-QUELLE**, die seitdem die **KURHESSEN-THERME** mit Thermalwasser versorgt. Die »Therme«, wie sie von der Bevölkerung genannt wird, ist nur etwa 400 Meter Luftlinie von hier entfernt. Ein wunderbares Kur- und Erholungsbad in exotisch-fernöstlicher Atmosphäre, in dem es sich locker einen ganzen Tag aushalten lässt.

Kurhessen-Therme
Wilhelmshöher Allee 361
34131 Kassel
www.kurhessen-therme.de
Öffnungszeiten: tägl. 9 – 22 Uhr, Eintritt: ab 15,50 €

Wir gehen wieder auf die andere Straßenseite in die Wigandstraße hinein. Dabei überqueren wir die **DRUSEL**. Nach wenigen Schritten biegen wir links ab in die Brabanter Straße. Kurz danach geht es auch schon weiter rechts in die Burgfeldstraße, wo uns das aufwendig sanierte Haus mit der Hausnummer 21 auffällt. Ein historisches Landhaus im Schweizer Stil, 1897 als **VILLA MARGARETHE** erbaut. Gleich daneben ist ebenfalls

Villa Margarethe

Burgfeldstr. 23

sehr schön erhalten und restauriert eine im Cottage-Stil erbaute Villa. Weiter geht's auf der Burgfeldstraße. Dort, wo heute mehrere großzügig angelegte Stadtvillen stehen, war einst das Kasseler Burgfeld-Krankenhaus. 1946 eröffnet, galt es als das erste Krankenhaus der Stadt Kassel nach dem Krieg. Im Jahr 2015 wurde es abgerissen und musste dem weichen, was Sie heute vor sich sehen. Wir gehen den Küperweg hinauf, benannt nach Otto Philipp Küper. Ein Kupferschmied, von dem man vermutet, dass er am Bau der Herkulesstatue beteiligt gewesen war. Als eigentlicher Schöpfer der Herkules-Figur gilt der Augsburger Goldschmied Johann Jacob Anthoni. Oben an der Ecke Küperweg/Ecke Schloßteichstraße liegt hinter einer dicken Backsteinmauer verborgen das imponierende Haus mit der Nr. 13. Wir halten uns rechts und kommen auch hier an mehreren großzügig angelegten Stadtvillen vorbei. Es geht links hinein in die Lindenstraße. Bei dem ersten Haus mit der Nr. 1 handelt es sich um die **VILLA WALDECK**, worauf die Inschrift über dem Hauseingang hinweist. Es wurde Ende

Sehenswert

Villa Waldeck

Lindenstr. 4

Sehenswert

des 19. Jahrhunderts erbaut. Der Name der Villa rührt schlicht daher, dass es bei seiner Errichtung an einer waldigen Ecke des Bergparks stand. Auf der rechten Seite fällt mit der Hausnummer 4 sofort eine bemerkenswert schöne Villa auf, die durch die blauen Klappläden und den mattgelben Putz sofort ins Auge sticht. Der verantwortliche Architekt hat wirklich ein gutes Händchen bei der Restaurierung gehabt – das Haus wurde mehrfach ausgezeichnet. 1902 erbaut, steht es stilistisch wohl zwischen Gründerzeit und Jugendstil. Wir haben die Kurhausstraße erreicht, wo wir uns rechts halten. Wir kommen nun an der **VILLA FRÖHLICH** vorbei. Auf der rechten Seite erreichen wir jetzt das Haus Nr. 7, die **VILLA HENKEL**. Sicherlich eines der schönsten in der Villenkolonie, ist es um 1890 im italienisierenden Neorenaissance-Stil entstanden. Die Initialen des Bauherrn Gustav Henkel sind noch heute auf der Krone des Mittelbaus zur Gartenseite zu erkennen.

Villa Henkel Villa Henkel

Gustav Henkel

Interessant

Gustav Henkel, in Hemeln an der Weser geboren, kam erst 1870 nach Kassel. Er gilt als Pionier auf zahlreichen Gebieten, z.B. des Dampfmaschinenbaus und der Elektrotechnik. Er ließ in Wilhelmshöhe ein Elektrizitätswerk bauen, das die Villenkolonie Mulang bereits ab 1893 mit elektrischem Strom versorgte, als es in der Stadt Kassel noch keine solche Versorgung gab. Die Abwärme der mit Heißdampf betriebenen Dampfmaschinen diente auch zur Beheizung des Palmenbades, ein großes Gewächshaus mit dazugehörigem Schwimmbad (heute ein kleines, aber feines Hotel in der Kurhausstraße). Henkel war es, der die Herkulesbahn ins Leben rief, die ab 1903 Personen vom Palmenbad bis hinauf zum Herkules beförderte.

Es geht weiter die Kurhausstraße hinauf, wo das markante Haus mit der Nr. 3 steht. Den turmartigen Anbau verdanken wir Wilhelm Schmidt, genialer Erfinder und

HAUS AM MULANG

PAGODE

Gründer der »Schmidt'sche Heißdampf-Gesellschaft«, der hier viele Jahre gelebt hat. Er war Freund und Förderer von Gustav Henkel. Der Betrieb von Dampfmaschinen nach seinem Heißdampf-Prinzip wurde ein internationaler Erfolg.

Wir haben die Mulangstraße erreicht. Im Hintergrund erkennen wir das **SCHLOSS WILHELMSHÖHE** und weiter links den **HERKULES**. Sicherlich sind Ihnen schon mehrere kleine Häuschen mit zartgelber Fassade aufgefallen. Sie gehören zum chinesischen Dorf **MOU-LANG**, das in den 1780er Jahren unter Landgraf Friedrich II. (einem Enkel Landgraf Karls) erbaut wurde. Es diente einzig der exotischen Inszenierung. Das Dorf entsprach der damaligen europäischen »Chinamode«. In einer Mühle wurde Korn gemahlen, auf den Wiesenhängen weideten Kühe, es gab ein Hirten- und

TIPP

Ein besonderes Kleinod ist das Haus **Mulang Nr. 6**. Es wurde zu einem kleinen Gästehaus umgebaut, eine kleine Oase direkt am Bergpark sozusagen. Wir wollen an dieser Stelle nicht zu viel verraten. Schauen Sie einfach unter www.mulang-no6-kassel.de.

Rose von der Roseninsel

ein Küchenhäuschen. In einem Milchhäuschen wurde sogar Käse hergestellt. Eine Pagode? Weltoffenheit wollte der Herrscher damit demonstrieren. Schön zu sehen, dass diese Häuser weitgehend erhalten sind bzw. liebevoll restauriert wurden. Heute dienen sie als Wohngebäude für Mitarbeiter der Gartenverwaltung.

Wir gehen in den **PARK** hinein. Wenn man nach links oben schaut, kann man die chinesische Pagode erkennen. Sehr schnell werden Sie feststellen, dass ganz viele Bäume im Park auffällig mit Zahlengruppen versehen sind. Die **MUSEUMSLANDSCHAFT HESSEN-KASSEL** hat hierzu einen großartigen Baumführer »Wilhelmshöhe« aufgelegt, der dazu einlädt, sich den Baum- und Strauchbestand in 15 Rundgängen, die durch den Park führen, zu erschließen. Wenn man sich im Frühsommer hier aufhält, wird man vielleicht erleben, was der Baum mit der Nr. 310, der gleich auf der rechten Seite zu sehen ist, alles bietet. Es handelt sich um einen **TAUBENBAUM**, der im Frühsommer weiße Hochblätter trägt, die an exotische Vögel oder weiße Tauben erinnern lassen. Kurz nach dem Taubenbaum, etwa schräg

Natur

Rose von der Roseninsel

gegenüber einer auf der linken Seite stehenden Bank, geht es hinunter zur **ROSENINSEL**, die Sie eigentlich schon jetzt betreten haben. Wir können Ihnen nur wünschen, dass Sie sich zur Zeit der Rosenblüte hier aufhalten. Die Rosensammlung im Park Wilhelmshöhe besteht bereits seit 1767. Sie umfasst heute mehr als 900 (!) verschiedene Rosen.

Sehenswert

DIE ROSENSAMMLUNG

Um die Pflege und den Erhalt dieser Anlage, die 2015 während der Weltrosenkonferenz den »Award of Garden Excellence« erhielt, kümmern sich seit über 40 Jahren Mitglieder des »Verein Roseninsel Park Wilhelmshöhe e.V.« Der Verein war es auch, der einen völlig veralteten Rosenführer vollständig überarbeitet und in Form von zwei liebevoll gestalteten und mit vielen Bildern versehenen Büchlein kürzlich neu herausgegeben hat. Eine unbedingte Empfehlung! Wenn Sie sich als Besucher an der Schönheit und dem Duft der Rosen erfreuen und vielleicht mit dazu beitragen wollen, die Pflege und den Erhalt der Rosen auch in Zukunft zu sichern: Vielleicht denken Sie mal über eine aktive oder fördernde Mitgliedschaft nach. Der Verein wird Sie sicherlich herzlich aufnehmen.

Auf der Roseninsel befindet sich auch eine Grabplatte für **»ERDMANN«**. Wer das ist bzw. war? Ständiger Begleiter von Kaiser Wilhelm II., der viele Jahre lang die Sommermonate auf Schloss Wilhelmshöhe verbracht hat. Erdmann war ein Dachshund, heute würde man wahrscheinlich sagen, ein Dackel. Wie auch immer: Er verstarb im August 1901 während eines solchen Sommeraufenthalts des Kaisers in Kassel.

Wir sind nun am Ende unseres Spaziergangs angelangt. Über einige Stufen gelangt man auf die Schlossebene. Im Untergeschoss des Schlosses ist das **CAFÉ JÉRÔME** eine unbedingte Empfehlung für eine Kaffeepause oder kleine herzhafte Gerichte. Vom Schloss Wilhelmshöhe sind es etwa 400 Meter Fußweg (abwärts!) und man kommt zur Endhaltestelle der Straßenbahnlinie 1, die einen wieder in die Innenstadt bringt.

TIPP

Die Roseninsel über die kleine Brücke nach rechts verlassen und etwa 100 Meter weitergehen. Wieder nach rechts über den kleinen Wasserlauf, um dann gleich links abzubiegen. Nach wenigen Metern sieht man auf der linken Seite zwei Rosenbüsche, die völlig unscheinbar wirken. Kleine Tafeln weisen darauf hin, dass hier die »Perle von Weißenstein« blüht, die älteste deutsche Zuchtrose. Sie ist ein bisschen »zickig«, was die Wetterverhältnisse anbelangt. Aber wenn sie blüht, verströmt sie einen außergewöhnlich betörenden Duft.

Schloss Wilhelmshöhe vom »Lac« aus gesehen

Café Jérôme
Schloss Wilhelmshöhe
Schlosspark 1
34131 Kassel
Tel.: 0561-51077150
www.cafe-jerome.de
Öffnungszeiten:
Di. – So. 10 – 17 Uhr

9

In Kassel haben die Brüder Grimm die wohl wichtigsten Jahre ihres Schaffens verbracht. Von den weltberühmten Kinder- und Hausmärchen bis zum Deutschen Wörterbuch erstreckte sich ihre Tätigkeit.

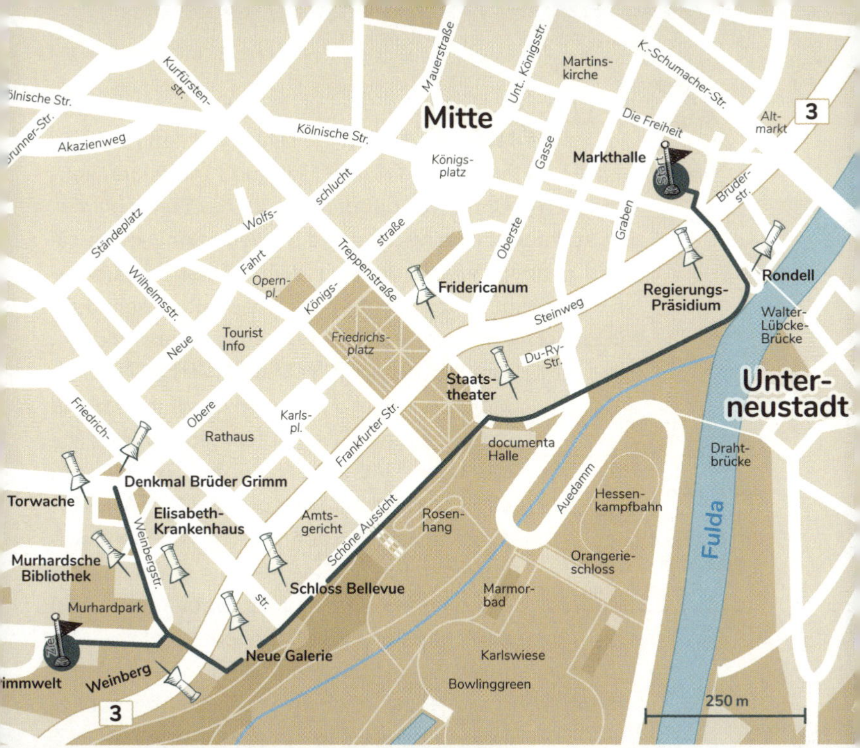

AUF DEN SPUREN DER GRIMMS

Start: Markthalle **Ziel:** Grimmwelt
Dauer: 40 Minuten **Länge:** 3 km
Strecke: nahezu eben, keine größeren Herausforderungen
Anfahrt: Tram 1, 3, 4, 5, 6 und 8, Haltestelle »Königsplatz«

Die Grimms würden sich wahrscheinlich wundern, wenn sie den **KÖNIGSPLATZ** heute sehen würden. Hier haben sie zu ihrer Zeit in Kassel Dorothea Viehmann kennengelernt. Und zwar auf dem Markt, der hier regelmäßig stattfand. Dort verkaufte die »Viehmännin«, wie sie auch genannt wurde, unter anderem Obst und Gemüse aus ihrem Garten. Heute müsste sie aufpassen, dass sie dabei keine nassen Füße bekommt, denn rund um den Platz stehen **WASSERSPEIER**. Einen Markt, auf dem die Bauern aus dem Umland ihre Erzeugnisse verkaufen, gibt es aber immer noch. Und zwar in der **MARKTHALLE**, ein Stück bergab über den **ENTENANGER** zu erreichen. An den Markttagen lohnt sich auf jeden Fall ein Besuch. Zum Einkaufen, für einen Imbiss oder einfach für einen Bummel zwischen den vielen Ständen.

Markthalle
Wildemannsgasse 1
34117 Kassel
Öffnungszeiten: Do. & Fr.
7 – 18 Uhr, Sa. 7 – 14 Uhr

Gleich um die Ecke haben die Grimms einmal gewohnt. Von dem Haus ist ebenso wenig übrig geblie-

Ein Besuch in der Markthalle lohnt sich

Die früheren Bewohner

ben wie von fast allen anderen in diesem Quartier. In der Kasseler Bombennacht vom 22. Oktober 1943 stand hier alles in Flammen. Immerhin erinnert noch eine Gedenktafel am Haus an der Wildemannsgasse 24 an die berühmten Menschen, die hier einst gewohnt haben.

Über die Wildemannsgasse geht es weiter zum Fußgängerüberweg an der Brüderstraße. Als Ziel bei einem Spaziergang auf den Spuren der Brüder Grimm bietet sich natürlich die **GRIMMWELT** an. Bis zum **WEINBERG** gibt es aber noch einige attraktive Stationen mit einem Bezug zu den Märchen- und Germanistenbrüdern.

Nur ein paar Meter vom **RONDELL** mit seinem herrlichen Ausblick über die Fulda befindet sich der **VERWALTUNGSBAU DES REGIERUNGSPRÄSIDIUMS**. An der gleichen Stelle gab es früher einen mächtigen Bau, der als Stadtschloss genutzt wurde.

Rondell
Die Schlagd
34117 Kassel

Das ehemalige Stadtschloss Als zu Beginn des 19. Jahrhunderts französische Truppen Kassel erobert hatten, residierte hier der Bruder Napoleons, Jérôme Bonaparte. In einer kalten Winternacht brach ein Brand aus. Wahrscheinlich deshalb, weil die auf Anweisung Jérômes eingebauten Heizungsrohre regelrecht glühten. Bei dem Großfeuer, das überall in der Stadt zu sehen war, drohte auch die in dem Gebäude untergebrachte Bibliothek zerstört zu werden. Jacob Grimm, der wie sein Bruder als Bibliothekar in Kassel sein Geld verdiente, soll jede Menge Bücher hinaus ins Freie gerettet haben. Nach dem Zweiten Weltkrieg wurden die Ruinen des riesigen Baus abgerissen.

Ein paar Meter weiter am **STAATSTHEATER** lohnt sich der Blick Richtung **FRIEDRICHSPLATZ**. Und insbesondere, wenn man noch mal kurz an die Grimms als

IM FRIDERICIANUM WAR FRÜHER EINE UMFANGREICHE BIBLIOTHEK UNTERGEBRACHT

Bibliothekare denkt. Im **FRIDERICIANUM** befand sich die ebenso große wie schöne Landesbibliothek, in der die Brüder arbeiteten.

Auch hier sorgte der Zweite Weltkrieg für eine Zäsur. Nach Bombentreffern im Jahr 1941 war das Fridericianum stark beschädigt. Seitdem gibt es dort keine Bibliothek mehr.

Fridericianum
Friedrichsplatz 18
34117 Kassel
www.fridericianum.org
Öffnungszeiten: Di. – So. & Feiert. 11 – 18 Uhr,
Do. 11 – 20 Uhr
Eintritt: 6 € regulär, 4 € ermäßigt, bis 18 Jahre frei, 2 € Studierende & Auszubildende

Weiter geht es in Richtung **SCHÖNE AUSSICHT**. Der Straßenname ist Programm, denn von hier hat man wirklich einen wunderbaren Blick über die Aue. Den dürften die Grimms auch von ihrer Wohnung im zweiten Stock des Hauses Nr. 9 gehabt haben. Ein paar Meter weiter befindet sich das **SCHLÖSSCHEN BELLEVUE** (ebenfalls mit einer schon im Namen festgehaltenen schönen Aussicht), in dem sich früher das Grimm-Museum befand. Von hier

Das Denkmal für die Brüder Grimm

Neue Galerie
Schöne Aussicht 1
34117 Kassel
www.heritage-kassel.de/standorte/neue-galerie
Tel.: 0561-31680-123
Öffnungszeiten: Di. – So. & Feiertage 10 – 17 Uhr
Eintritt: 6 €, ermäßigt 4 €, Schülerinnen & Schüler sowie bis 18 Jahre frei

Murhardsche Bibliothek
Brüder-Grimm-Platz 4a
34117 Kassel
www.uni-kassel.de/ub/murhardsche-bibliothek
Öffnungszeiten: Mo. – Fr. 9 – 18 Uhr, Sa. 9 – 13 Uhr

geht es hinter der **NEUEN GALERIE** zur Fußgängerbrücke hinüber zum Weinberg.

ABSTECHER

Auf dem Weg zur Grimmwelt lohnt sich ein kleiner Umweg. Und zwar am **Elisabeth-Krankenhaus** vorbei Richtung **Murhardsche Bibliothek**. Der größte literarische Schatz, der hier aufbewahrt wird, ist das Hildebrandlied. Das gehört zu den frühesten poetischen Texten in deutscher Sprache. Erst durch die wissenschaftliche Aufarbeitung durch Jacob und Wilhelm Grimm ist der Text zu seinem heute international bekannten Titel gekommen. Das allein wäre schon Grund genug für das **Denkmal** gewesen, das ein paar Meter weiter auf dem **Brüder-Grimm-Platz** steht. Noch ein kurzer Blick auf die **Torwache**, wo die Grimms ebenfalls mehrere Jahre lebten und arbeiteten, dann geht es durch den **Murhardpark** zurück zum Weinberg.

Sehenswert

DIE GRIMMWELT: MODERNER MUSEUMSBAU MIT SEHENSWERTER DAUERAUSSTELLUNG

Hier steht sie nun, die Grimmwelt mit ihrer spektakulären Dachterrasse. Der Blick von oben ist einfach überragend. Über die Südstadt kann man ihn schweifen lassen, ganz weit hinten Niederzwehren mit dem Märchenviertel erahnend. Den Ort, wo Dorothea Viehmann lebte. Die Frau, die den Grimms so viele wunderbare Märchen erzählte. Das Ergebnis dieser Erzählungen kann man in der sehenswerten Ausstellung in der Grimmwelt bewundern. Dort werden nämlich auch die Handexemplare der Grimmschen Kinder- und Hausmärchen präsentiert. Die Originale mit den handschriftlichen Notizen der Brüder gehören seit 2005 zum Weltdokumentenerbe.

Grimmwelt
Weinbergstraße 21
34117 Kassel
www.grimmwelt.de
Öffnungszeiten: Di. – So. 10 – 18 Uhr, Fr. 10 – 20 Uhr
Eintritt: 10 € Erwachsene, 7 € ermäßigt, Kinder unter 6 Jahren frei

Vom Dach der Grimmwelt hat man einen herrlichen Blick über die Südstadt

Grimms Märchen

10

Wer Ruhe vor der Stadt sucht und sich trotzdem nicht wirklich von ihr trennen kann, ist hier vollkommen richtig. Hier genießen Sie die Natur in einem der größten innerstädtischen Naturschutzgebiete Deutschlands. Mit weiten Blicken auf die Stadt Kassel – und wenn es die Beweidung zulässt, finden sich hier auch Highland-Rinder und Herden von Schafen.

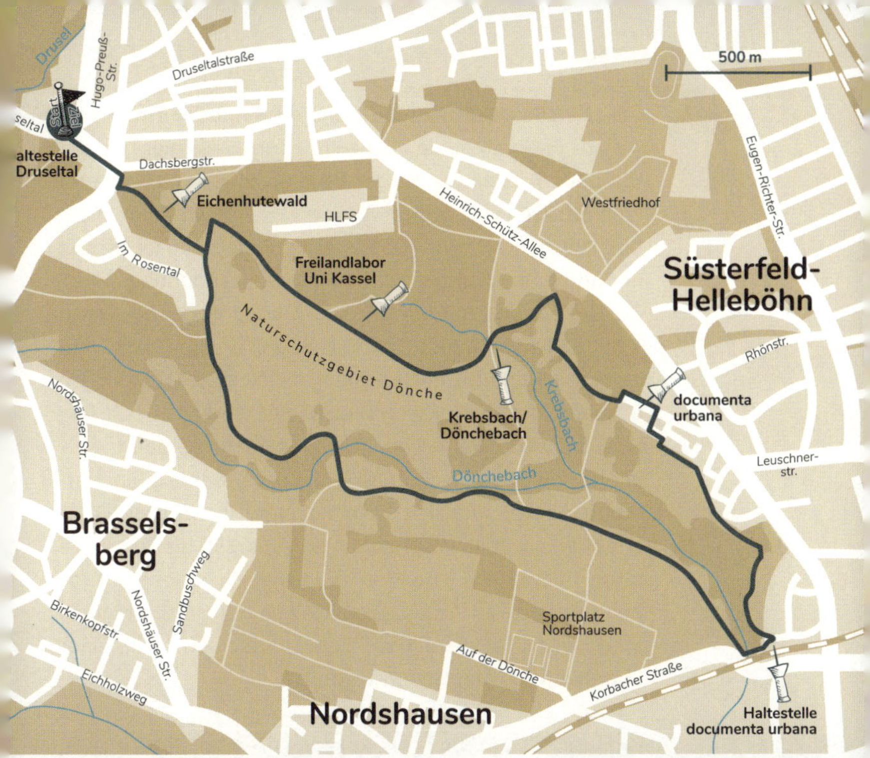

SPAZIERGANG AUF DER DÖNCHE

Start: Endstation Druseltal **Ziel:** Haltestelle documenta urbana
Dauer: ca. 1 Std. 15 Min. **Länge:** 4 km
Strecke: Waldboden, Schotter, asphaltiert
Anfahrt: Tram 4 bis Endhaltestelle Druseltal, bei Abkürzung der vorgeschlagenen Route Bus 11, Haltestelle »documenta urbana«

Zur Dönche gelangen wir, wenn man mit der Tram Nr. 4 bis zur Endhaltestelle »Druseltal« fährt. Ab hier besteht übrigens Anschluss an die Buslinie, die uns bis hinauf zum **HERKULES** bringt. Aber da wollen wir heute nicht hin. Wir gehen etwa 200 Meter die Elgershäuser Straße entlang und kommen auf die Konrad-Adenauer-Straße, die wir überqueren müssen. Genau gegenüber liegt jetzt die Dachsbergstraße. Schon von weitem sieht man zwei mächtige Baumstümpfe. Unmittelbar danach geht es einen kleinen Fußweg hinein. Wir sind jetzt auf dem **KASSEL-STEIG**, erkennbar an den Buchstaben »KS« in weiß auf blauem Hintergrund. Sozusagen zur Einstimmung auf das, was uns erwartet, empfängt uns die Dönche mit einer ganzen Ansammlung von 150 bis 300 Jahre alten mächtigen Eichen mit ihren weit ausladenden Kronen und starken Ästen. Sie ist eines der größten innerstädtischen Naturschutzgebiete Deutschlands mit einer ungeheuren biologischen Vielfalt.

Die Dönche Noch bis kurz vor Beginn des Zweiten Weltkriegs wurde das riesige Gelände als Weide- und Ackerland genutzt. Dann nahmen die Nationalsozialisten und nach dem Krieg belgische NATO-Truppen, die in Kassel stationiert waren, das Gelände für sich in Beschlag. Ab den 1950er Jahren bis in die 70er Jahre erfolgte eine Verwendung als Truppenübungsplatz durch die Bundeswehr. Davon ist zum Glück heute nichts mehr zu sehen. 1977 wurde die Dönche in ein **Naturschutz- und Naherholungsgebiet** umgewandelt, das von den Bewohnern der angrenzenden Stadtteile gerne genutzt wird. Die siedlungsnahe Lage bringt naturgemäß auch Probleme mit sich. Von daher bleibt zu hoffen, dass Sie während Ihres Spaziergangs nicht übermäßig mit Müllablagerungen und sonstigen Hinterlassenschaften konfrontiert werden.

Egal für welchen Spaziergang man sich entscheidet: Es geht vorbei an Grassteppen, Weihern und Tümpeln. Auf kleinen Holzstegen überquert man den **KREBSBACH** oder den **DÖNCHEBACH**. Und nicht erschrecken, wenn ganz plötzlich Feldhasen über den Weg laufen. Was wir Ihnen wünschen, ist eine Begegnung mit Schafen, die hier bewusst zur Landschaftspflege eingesetzt werden. Es wurde auch eine ca. 30 Hektar große Fläche für Galloway- und Scottish-Highland-Rinder geschaffen, die hier ganzjährig weiden. Von den Hängen und Höhenrücken hat man einen wunderbaren Blick auf die Stadt Kassel und auf die umliegenden Industrielandschaften. Im Süden liegt z. B. das **VOLKSWAGENWERK** in Baunatal.

Natur

Unterwegs wird vielleicht eine kleine **SCHUTZHÜTTE** auffallen. Hier betreibt seit über 40 Jahren die Kasseler Universität ein **FREILANDLABOR**, wo Studierende,

AUSSICHT DÖNCHE

aber auch Schüler ihre Mikroskope aufstellen können. Seit 1981 findet man hier hervorragende Bedingungen für das Lernen in weitgehend unberührter Natur. Leider macht dieses Labor in letzter Zeit immer wieder durch Negativschlagzeilen auf sich aufmerksam. Hier werden offenbar mitunter wilde Partys gefeiert, leider mit den entsprechenden Hinterlassenschaften.

Es gibt mehrere Wege, um sich dieses herrliche Gebiet zu erschließen. An der Informationstafel werden drei Wege angeboten. Am verlockendsten ist sicherlich der Rundweg Nr. 3, mit einer Länge von etwa 5 km aber auch recht anspruchsvoll. »Route Weitsicht« wird er genannt, aus gutem Grund. Man erlebt eindrucksvolle Panoramen und großartige Weitblicke. Ehemalige Bombentrichter zeugen davon, dass die Dönche während des Zweiten Weltkriegs oft bombardiert wurde. Sie sind heute der Lebensraum für Kammmolche. Wie auch immer Sie sich entscheiden: Genießen ist angesagt, auch wenn das Wetter mal nicht so mitspielt. Dann ist aber gutes Schuhwerk Voraussetzung für den Spaziergang.

Schafherde

Irgendwann auf dem Rundgang entlang des Rundwegs Nr. 3 kommt man auch an der **DOCUMENTA URBANA** vorbei.

DOCUMENTA URBANA

Es handelt sich hier um eine Wohnbebauung, die Anfang der 80er Jahre entlang der Dönche entstand. Der Begriff ist als Wortschöpfung des documenta-Gründers Arnold Bode zu verstehen und hat nichts mit der eigentlichen »documenta« zu tun, die in Kassel alle fünf Jahre stattfindet. Die Zielsetzung seinerzeit war das Wohnen im Grünen mit der Möglichkeit, rasch ins Zentrum der Stadt Kassel zu gelangen. Gehen Sie ruhig einmal durch die Wohnanlage hindurch und entscheiden selbst, ob das gelungen ist.

Kurios

Wenn der Rundgang bis hierhin zu beschwerlich war: Die Buslinie 11 (documenta urbana) bringt einen wieder zum Bahnhof Kassel-Wilhelmshöhe. Wer gut zu Fuß ist, geht den Rundweg Nr. 3 weiter bis zum Ausgangspunkt.

Der Rundweg über den Campus der Kasseler Universität verbindet Industriegeschichte und moderne Architektur. Das frühere Gießhaus der Firma Henschel ist heute Veranstaltungsraum, überall finden sich Spuren der ehemaligen Nutzung.

HENSCHEL, UNIVERSITÄT UND NORD-STADTPARK

Start und Ziel: Sophie-Henschel-Haus
Dauer: 40 Minuten **Länge:** 3,1 km
Strecke: weitgehend flach, einige Stufen
Anfahrt: Tram 3, 6 und 7, Haltestelle »Katzensprung«

Der Spaziergang über das Gelände der **KASSELER UNIVERSITÄT** Richtung **NORDSTADTPARK** beginnt an der Kreuzung Kurt-Wolters-Straße/Mönchebergstraße. Schon nach ein paar Metern sieht man einen Kuppelbau, der mehr ist als ein Stück ungewöhnliche Backsteinarchitektur. Im **GIESSHAUS** der Uni finden immer mal wieder Veranstaltungen statt, die documenta war hier auch schon zu Gast.

Das Gießhaus Ursprünglich war das Gießhaus die Keimzelle der Firma Henschel. Hier wurden ab dem Jahr 1810 Kirchenglocken gegossen und auch Kanonenrohre. Das Gießhaus steht für ein besonderes Kapitel der Kasseler Industriegeschichte. Die Firma Henschel entwickelte sich zum bis in die 1960er Jahre wichtigsten Arbeitgeber der Stadt. Henschel war der größte Lokomotivhersteller Europas und im Zweiten Weltkrieg auch eine Rüstungsschmiede mit Tausenden von Zwangsarbeitern.

Das historische Gießhaus von Henschel

Das blaue Tor

Auf dem ehemaligen Henschelgelände entstand vor 50 Jahren die Gesamthochschule Kassel, die heutige Universität. Und wenn man sich der nähern will, dann am besten durch das charakteristische **BLAUE TOR**, ein kurzes Stück oberhalb des Gießhauses an der Mönchebergstraße. Die große Stahlkonstruktion kann man eigentlich nicht verfehlen.

Gießhaus
Mönchebergstraße 5
34127 Kassel

Universität

Von dort geht es über die Georg-Forster-Straße (benannt nach dem Naturforscher, der in Kassel lehrte) immer der Ahna entlang. Auf der rechten Seite sieht man einen großen Schornstein, der ebenfalls ein Relikt aus der Henschelzeit ist und heute zum Fernwärmenetz für die Uni gehört.

Mit Blickrichtung **ZENTRALMENSA** geht es weiter über eine nach dem documenta-Gründer Arnold Bode benannte Straße zu einem Mahnmal. Es heißt **»DIE RAMPE«** und thematisiert die Deportationen während der Nazizeit. Geschaffen hat es die Künstlerin E.R. Nele (Nele Bode), Tochter von Arnold Bode.

Relikt aus der Henschelzeit

Kunst, die nachdenklich macht: Die Rampe

Studierendenhaus
Universitätsplatz 10
34127 Kassel

Weiter geradeaus gibt es eine ganze Reihe von Neubauten sowie reizvolle Kontraste zwischen alter und neuer Architektur. Dazu gehört das **STUDIERENDENHAUS**. Das befindet sich seit 2019 in einem denkmalgeschützten Gebäudekomplex der ehemaligen Textilfabrik Gottschalk.

Einen grünen Kontrast zur dichten Bebauung auf dem Unigelände bietet der **NORDSTADTPARK**, auf den man am **SCIENCE PARK** vorbei zuläuft. Am Ufer der Ahna gibt es mehrere Bänke, einen **SPIELPLATZ**, ein **BASKETBALLFELD** und eine **EHEMALIGE GASDRUCKREGLERSTATION**, die heute Treffpunkt für Jugendliche ist. Auch der Nordstadtpark war schon documenta-Standort. Hier wuchs 2017 eine lebendige Pflanzenpyramide.

Ehemalige Textilfabrik: Das Studierendenhaus

DAS BOREAL UND DAS KULTURZENTRUM SCHLACHTHOF

Auf dem Rückweg kommen wir am **BIERGARTEN BOREAL** und dem **KULTURZENTRUM SCHLACHTHOF** vorbei.

Das ganze Quartier ist durch die nahe gelegene Uni geprägt. Zur Kneipenszene gehört das **CAFÉ NORDPOL**, bekannt für sein leckeres Frühstück.

Auf dem Weg durch die Gottschalkstraße sollte man auf jeden Fall einen Blick nach links auf das **ZENTRUM FÜR UMWELTBEWUSSTES BAUEN** der Uni werfen. Die Kombination aus alter Industriearchitektur und moderner Erweiterung ist wirklich sehenswert.

Weiter Richtung Moritzstraße kommt man am **BURCKHARDT-PLATZ** vorbei, benannt nach der Künstlerin Annemarie und dem Hochschullehrer Lucius Burckhardt. Dort darf man sich ruhig mal kurz verneigen. Denn Lucius Burckhardt, der 2012 starb, hat

Science Park
Universitätsplatz 12
34127 Kassel

Biergarten Boreal
Mombachstraße 10
34127 Kassel
Tel.: 0561-2207120
Öffnungszeiten:
Di. – So. 17 – 22 Uhr

Kulturzentrum Schlachthof
Mombachstraße 10 – 12
34127 Kassel
Tel.: 0561-2207120
www.schlachthof-kassel.de

Café Nordpol
Gottschalkstraße 12
34127 Kassel
www.cafe-nordpol.de
Öffnungszeiten:
Mo. – So. 9 – 0 Uhr

Reizvoller Kontrast: Das Zentrum für umweltbewusstes Bauen

als Professor in Kassel die Spaziergangswissenschaft Promenadologie entwickelt. Im wahrsten Sinne des Wortes wegweisend.

Sophie-Henschel-Haus
Mönchebergstraße 3
34127 Kassel

Über die Arnold Bode Straße geht es zurück Richtung Gießhaus. Gleich daneben befindet sich das **SOPHIE-HENSCHEL-HAUS**, in dem das moderne Institut für Werkstofftechnik der Uni hinter historischen Backsteinmauern untergebracht ist. Benannt ist es nach der einzigen Frau an der Spitze des Familienunternehmens, die mit ihrem sozialen Engagement viele Spuren in Kassel hinterlassen hat.

Erinnerung an den Spaziergangswissenschaftler Lucius Burckhardt

Die Mensa

12

Unser Spaziergang führt uns vorbei an den Sieben Teichen, zur Kaffeemühle und schließlich hinauf zum Bismarckturm. Ein Aufstieg lohnt sich in jedem Fall, schon der großartigen Aussicht wegen. Außerdem hat bereits der Leibarzt Otto von Bismarcks, Dr. Ernst Schweninger, festgestellt: »In Wilhelmshöhe ist jeder Atemzug einen Thaler wert«. Wenn das keine Empfehlung ist!

HINAUF ZUM BISMARCKTURM

Start und Ziel: Parkplatz Steinernes Schweinchen
Dauer: ca. 1 Std. 45 Min. **Länge:** 5,9 km
Strecke: Waldboden, Schotter, asphaltiert
Anfahrt: Bus 51 und 52, Haltestelle »Brasselsberg«

Wir beginnen diesen Rundgang, der uns am Ende zum **BISMARCKTURM** führt, am **PARKPLATZ »STEINERNES SCHWEINCHEN«**. Die Bushaltestelle ist nur wenige Schritte entfernt. Orientieren Sie sich kurz an der **SCHAUTAFEL**, unser Weg wird eine Kombination aus den Wanderwegen 1, 3 und 4 darstellen. Für diesen Spaziergang sollte festes Schuhwerk benutzt werden. Wenn man den Turm besteigen möchte, sollte man sich zudem vorher beim Forstamt Wolfhagen erkundigen, ob der Bismarckturm geöffnet ist, was nicht immer der Fall ist (Tel.: 05692-98980 oder forstamtwolfhagen@forst.hessen.de).

An der Infotafel gehen wir nach links in den Wald hinein, wo der gut begehbare Weg jetzt stetig ansteigt. Von der vielbefahrenen Konrad-Adenauer-Straße ist schon nach wenigen Minuten nichts mehr zu hören. An der ersten Gabelung biegen wir nach rechts ab und folgen dem Weg Nummer 3. Auf einem gut ausgebauten Schotterweg geht es weiter bergan. Nach einer guten Viertel-

SCHAUTAFEL

stunde taucht auf der linken Seite, idyllisch und malerisch gelegen, einer der **SIEBEN TEICHE** auf. Wenn man einen kleinen Schlenker von ca. 100 – 200 Meter nach links macht, findet man noch weitere kleine Teiche. Teilweise versteckt und verlandet hinter dichtem Buschwerk. Wir gehen zurück zum Hauptweg und folgen nach wenigen Metern der Beschilderung »Teufelsmauer«. Vom Lärm der parallel verlaufenden Autobahn A44 ist spätestens ab hier nichts mehr zu hören. Wir sind jetzt ungefähr 30 Minuten gelaufen.

An der nächsten Gabelung erreichen wir die Wegekreuzung **KAFFEEMÜHLE**. Woher der Name kommt, lässt sich nicht mehr feststellen. Nach einer Möglichkeit, Kaffee zu mahlen, werden Sie jedenfalls vergeblich suchen. Den vielleicht mitgebrachten Kaffee kann man hingegen an diesem lauschigen Plätzchen allemal genießen. Bänke laden zum Verweilen ein.

PAUSE

Es geht weiter auf dem Weg Nummer 3. Wir laufen schon eine ganze Weile auf dem **KASSEL STEIG**, einem Wanderweg, der vom Hessisch-Waldeckischen Gebirgs-

SIEBEN TEICHE

KAFFEEMÜHLE

Porta Lapidaria

und Heimatverein (HWGV) 2013 neu angelegt wurde. Er beginnt und endet wieder am Wahrzeichen Kassels, dem Herkules. Dazwischen liegen 160 Wanderkilometer. Sie erkennen sicherlich, dass man versucht, den Wald weitgehend sich selbst zu überlassen, ohne allzu große Eingriffe in die Natur vorzunehmen. Links und rechts des Weges liegende Basaltbrocken zeigen deutlich, dass hier vor langer Zeit starke vulkanische Aktivität geherrscht hat. Faszinierend zu sehen, wie manch mächtiger Baum zwischen den Lavabrocken seine Wurzeln geschlagen hat. Wir haben die **PORTA LAPIDARIA** erreicht, eine mächtige Basaltformation. Der Weg Nummer 3 biegt jetzt nach rechts ab, es sind etwa 300 Meter bis zum **BISMARCKTURM**. Wir sind jetzt am höchsten Punkt unseres Spaziergangs angekommen. Von hier oben lässt sich hervorragend die grandiose Sicht auf das Kasseler Becken und die östlich angrenzenden Mittelgebirge **KAUFUNGER WALD** und **SÖHRE** genießen. Im Vordergrund sieht man das Naturschutzgebiet **DÖNCHE**, das wir bereits in einem anderen Spaziergang vorgestellt haben.

Sehenswert

Der Bismarckturm Der Turm wurde zu Beginn des 20. Jahrhunderts erbaut und im Jahr 2010 umfassend saniert. Für den Bau wurde Basalt mit Tuffstein verwendet, also dasselbe Material, das auch für den Bau des Herkules und der Kaskaden verwendet wurde!

Vom Bismarckturm gehen wir die wenigen Hundert Meter wieder zurück bis zu dem Rundkreisel. Dort angekommen, wählen wir den Weg Nummer 4, der rechts hinunter talwärts führt. Wer mag, kann vorher noch einen kurzen Schlenker nach halblinks machen. Man erreicht bereits nach ein paar Metern die mächtige Basaltformation der **BILSTEINKLIPPEN**. Es ist nicht mehr weit und die Zivilisation hat uns wieder. Die ersten Häuser sind bald in Sichtweite. Wir gehen aber nicht vor bis zur Asphaltstraße, sondern biegen vorher, dem Weg 4 folgend, nach rechts ab. Auf dem Weg abwärts begleitet uns nach kurzer Zeit der **DÖNCHEBACH**, anfangs nur zu erahnen, tritt er kurze Zeit später deutlich sichtbar an die Oberfläche. Wir stoßen bald wieder auf die Konrad-Adenauer-Straße, wo Gelegenheit besteht, einen der Busse zu benutzen, der uns wieder ins Zentrum bringt. Sie wollen aber sicher noch erfahren, was es mit dem **STEINERNEN SCHWEINCHEN** auf sich hat? Also geht es an der Bushaltestelle Blütenweg wieder in den Wald hinein, um nach wenigen Metern links abzubiegen. Wir laufen jetzt oberhalb und parallel zur Konrad-Adenauer-Straße. Es dauert nicht mehr lange, und wir gelangen zum Steinernen Schweinchen, einer Felsformation, die tatsächlich an einen Schweinerücken erinnert. Eine Informationstafel erläutert die Geschichte hierzu. Nach wenigen Schritten sind wir am Ausgangspunkt unseres Spaziergangs angelangt.

Bismarckturm

Steinernes Schweinchen

13

Es gibt viele schöne Routen für Spaziergänge in Kassel, aber eine ragt dann doch heraus. Der Spaziergang entlang der Wasserspiele im Weltkulturerbe Bergpark Wilhelmshöhe ist ein besonderes Erlebnis. Der einzige Nachteil: Weil sich das bei Besuchern aus dem In- und Ausland herumgesprochen hat, kann es an den Wasserspieltagen schon mal voll werden. Saison ist vom 1. April bis zum 3. Oktober sonntags, mittwochs sowie an Feiertagen. Wesentlich ruhiger und immer noch sehr attraktiv ist der Spaziergang an den übrigen Tagen.

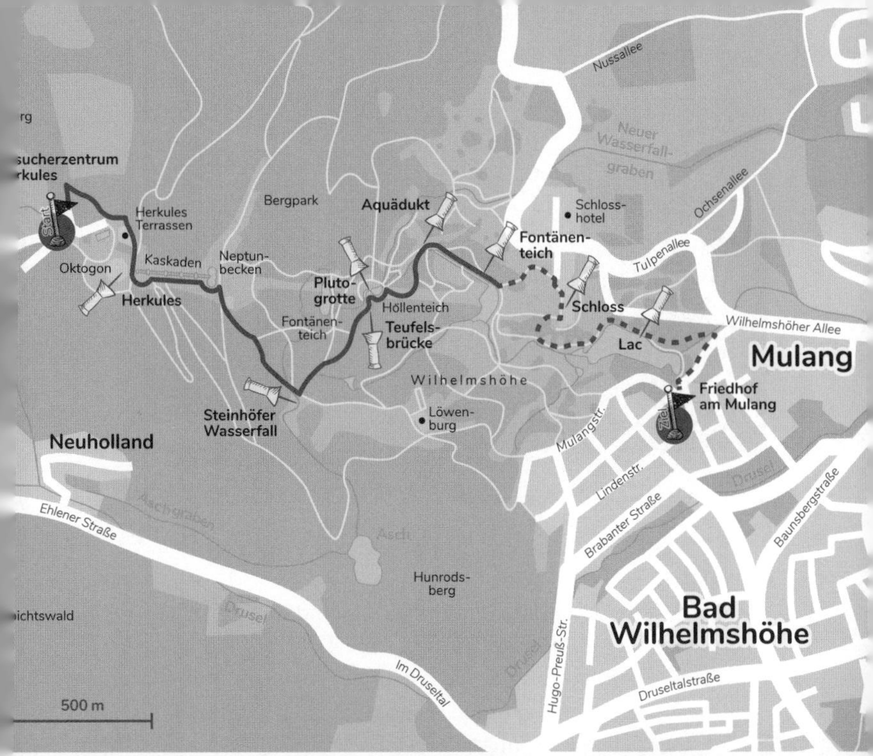

BERGAB DURCH DEN BERGPARK

Start: Besucherzentrum Herkules **Ziel:** Mulang
Dauer: 1 Std. 30 Min. (mit Wasserspielen), sonst 45 Minuten
Länge: 3,2 km **Strecke:** reichlich Gefälle, teilweise Kieswege, gutes Schuhwerk empfehlenswert
Anfahrt: Bus 22

Guter Einstieg: Das Besucherzentrum Herkules

Start

Als Ausgangspunkt bietet sich das architektonisch gelungene **BESUCHERZENTRUM** am Herkules an. Bis hierhin fahren die Linienbusse, auch Parkplätze (an Wasserspieltagen kostenpflichtig) stehen zur Verfügung.

Wer durch das Besucherzentrum geht, hat auf halbem Weg bereits einen besonders schönen Blick auf den Herkules. Die obere große Fensteröffnung wirkt dabei wie ein Bilderrahmen. Wer sich nach dem Ausgang links hält, kommt über einen kleinen Parkparkplatz, der zum **RESTAURANT HERKULES TERRASSEN** gehört, zum **FEUERLÖSCHTEICH**. Hier sammelt sich das Wasser für die **KASKADEN**, das aus den Höhenlagen des **HABICHTSWALDES** kommt. Und zwar aus dem Bereich rund um den weithin sichtbaren **SENDEMASTEN** auf dem **ESSIGBERG**. Eine Zwischenstation für das verzweigte System an kleinen Kanälen ist das **SICHELBACHBECKEN**.

Besucherzentrum Herkules-Terrassen
Schloßpark 26
34131 Kassel
Öffnungszeiten:
Di. – So. 10 – 17 Uhr

Herkules Terrassen
Schloßpark 26
34131 Kassel
www.herkules-terrassen.de
Tel.: 0561-93731910
Öffnungszeiten:
Mär. – Okt.
Mo. – Sa. 11 – 22 Uhr,
So. 10 – 18 Uhr, Nov. – Feb.
Mo. – Sa. 11 – 21 Uhr,
So. 11 – 18 Uhr

Reservoir für die Wasserspiele: Das Sichelbachbecken

Einblick in die Vexierwassergrotte

Von diesem höher liegenden Stausee fließt das Wasser durch ein unterirdisches Rohr bis zum Feuerlöschteich. Von dort sind es nur noch wenige Meter bis zum **OKTOGON** und dem Start der Wasserkünste. Hier läuft alles noch so wie vor 300 Jahren. Mit einem überdimensionalen Schraubenschlüssel wird der erste große Zufluss per Hand geöffnet. Dann beginnt das große Rauschen. Immer bergab, ohne Pumpen oder sonstige Hilfsmittel. Ein großartiges Spektakel, das allein durch die Schwerkraft funktioniert.

Jenseits der großen Wassermassen gibt es auch noch ein wenig bekanntes Zwischenspiel. Dafür sollte man ein paar Euromünzen parat haben. Denn nach wenigen Metern bergab entlang der Kaskaden kommt man am **ARTISCHOCKENBECKEN** mit der **VEXIERWASSERGROTTE** vorbei.

KURIOS

Der Name kommt aus dem Französischen und bedeutet so viel wie irreführen oder ärgern. Landgraf Karl und seine Nachfolger sollen sich einen Spaß daraus gemacht haben, in dieser Grotte mal plötzlich dünne Wasserstrahlen anzustellen. Damit haben sie insbesondere die Hofdamen, aber auch Besucher überrascht. Das Wasser kam aus zig kleinen Düsen. Und kommt es auch heute noch.

Beeindruckendes Spektakel: Die Wassermassen, die über die Kaskaden rauschen

Auf den ersten Blick kaum zu erkennen, hängt mit Blickrichtung Herkules ganz rechts außen ein Automat. Die Technik ist vor Kurzem erst erneuert worden. Wenn man hier eine Münze einwirft, springen dünne Wasserstrahlen an, die im hohen Bogen in die Grotte spritzen. Auch das Duplikat einer historischen **WASSERORGEL** kann man per Münzwurf aktivieren. Durch Wasserkraft dreht sich eine Walze in der Orgel und bringt sie zum Klingen. Dieses individuell steuerbare Schauspiel funktioniert übrigens nicht nur an Wasserspieltagen.

Sehenswert

Auch ein paar Meter weiter bergab lohnt es sich, etwas genauer hinzuschauen. Sonst läuft man einfach achtlos an einer liegenden Figur vorbei. Diesen Riesen namens **ENCELADOS** hat als eine von mehreren heldenhaften Taten kein geringerer als Herkules besiegt. Jetzt liegt er da auf dem Rücken und aus seinem Mund

Der Steinhöfer Wasserfall

steigt während der Wasserspiele eine große Fontäne empor.

Dazu gibt es dann noch einen weithin vernehmbaren Ton. Auch der wird vom Wasser erzeugt und kommt aus dem Inneren von zwei Figuren. Dabei handelt es sich um den Pferdemenschen **ZENTAUR** und den Meergott **PAN** mit seiner bekannten Flöte. Durch den Wasserdruck wird Luft durch ein Rohr mit Löchern gepresst und sorgt so für den etwas schrägen Flötenton.

Sehenswert

Weiter unten rauscht das Wasser dann wie ein großer Vorhang über eine Grotte zum **NEPTUNBECKEN**. Der erste Akt der Wasserspiele ist damit beendet. Jetzt wäre es eigentlich an der Zeit für eine Rast. An Tagen ohne Wasserspiel kann man die gut einlegen, denn man verpasst ja nichts. Das **KASKADENRESTAURANT** nur

Kaskadenrestaurant
Am Schloßpark 22
Im Bergpark
Wilhelmshöhe
34131 Kassel
www.kaskaden-wirtschaft.de

wenige Meter vom Neptunbecken entfernt ist eine gute Adresse.

Am Kaskadenrestaurant vorbei geht es ein Stück bergab Richtung **STEINHÖFER WASSERFALL**. Hier ändert sich der Charakter der Wasserspiele. Weiter oben an den Kaskaden war alles streng symmetrisch. Im Barock wollten Herrscher wie Landgraf Karl zeigen, dass sie die absolute Macht haben – auch über die Natur. 70 Jahre später sah das anders aus. Da sollte der Betrachter kaum merken, dass der Mensch in die Natur eingegriffen hatte. Vorbild dafür waren die englischen Landschaftsgärten. Die romantischen Wasserspiele beginnen mit dem Steinhöfer Wasserfall.

Hier plätschert das Wasser noch über die Felsen, etwas später geht es dann sehr viel wilder zu. Unter der **TEUFELSBRÜCKE** rauschen die Wassermassen wie über einen Wasserfall hinunter in den **HÖLLENTEICH**. Das folgte früher einem noch deutlicher sichtbaren Plan,

EINGANG ZUR UNTERWELT: DIE PLUTOGROTTE

zu dem auch die **PLUTOGROTTE** ein paar Meter von der Brücke entfernt gehörte. Heute wirkt sie eher unscheinbar. Doch die Plutogrotte sah früher ganz anders aus. In der Zeit vor 1800 fand sich hier eine Fülle von Skulpturen, mit denen die Unterwelt, das Reich des Pluto, nach der Vorstellung der antiken Mythologie dargestellt wurde. Die hier versammelte Höllengesellschaft versetzte die Besucher in Staunen und Schaudern.

Die Plutogrotte Die Anlage wurde von Landgraf Friedrich II. in Auftrag gegeben und sehr wahrscheinlich vom Hofarchitekten Simon Louis Du Ry ausgeführt. Die Grotte mit fünf großen Öffnungen und die seitlich anschließenden Mauern erhielten das Aussehen von natürlichem Fels. Der sollte so aussehen, wie ein in den Berg gehauener Eingang in die Unterwelt. Lebensgroße Gipsfiguren, darunter der Herkules, waren hier versammelt. Das Innere der halbdunklen Grotte wurde durch rot und gelb bemalte Scheiben in ein flammendes Licht getaucht. In der Mitte dieser Hölle saßen der Herrscher des Toten-

SEHENSWERT

SPEKTAKULÄRER WASSERSTURZ: DAS AQUÄDUKT

DER ABSCHLUSS DER WASSERSPIELE MIT DER GROSSEN FONTÄNE

reichs und seine Gemahlin, Pluto und Proserpina, auf ihrem Krötenthron, daneben die Totenrichter. Die Grotte bestand mit dieser Ausstattung nur gut 30 Jahre. Dann waren die Gipsfiguren kaputt. Konkrete Pläne, die Plutogrotte zu rekonstruieren, gibt es nicht. Reizvoll wäre es schon.

SEHENSWERT

Die nächste Station auf dem Weg hinab ist das **AQUÄDUKT**. Das Wasser fließt zunächst über ein befestigtes Bachbett, dann über Becken und Stufen in einen Kanal. Das Aquädukt soll an die römische Wasserleitung Via Appia erinnern. Ähnlich wie die Löwenburg wurde diese Konstruktion bereits als Ruine gebaut. Über eine Rampe stürzt hier das Wasser 30 Meter tief in eine Schlucht. Letzte Station ist der **FONTÄNENTEICH**. Hier schießt das Wasser mit großen Druck gut 50 Meter in die Höhe. Genau eine Stunde und 15 Minuten dauert es vom Start an den Kaskaden bis zu diesem spektakulären Abschluss. Und was passiert mit dem ganzen Wasser? Das fließt weiter bis zum **SCHLOSSTEICH LAC** und von dort weiter bergab Richtung Fulda.

LOHNENDER ABSTECHER: FRIEDHOF AM MULANG

Wer nach dem Spaziergang durch den Bergpark noch etwas Zeit hat, sollte dem kleinen verwunschenen **FRIEDHOF AM MULANG**, Ecke Mulangstraße/Schlossteichstraße, einen Besuch abstatten. Hier ist die letzte Ruhestätte von Karl Steinhofer, ein drei Meter hoher Stein markiert sein Grab.

SCHLOSSTEICH LAC

FRIEDHOF AM MULANG

Der schön gelegene Friedhof erzählt mit seinen Grabsteinen die Geschichten von Menschen, die fast immer etwas mit dem Bergpark zu tun hatten. »Unser Liebling« steht über dem Namen eines Jungen, der nur zwei Jahre alt wurde und 1926 starb. Der Vater war Obergarteninspektor und liegt neben Frau und Kind ebenfalls hier begraben. Als letzte Ruhestätte für die verstorbenen Mitarbeiter der Verwaltung der Schlösser und Gärten sowie ihrer Angehörigen war der Friedhof im Jahr 1817 angelegt worden. Ein »Cascaden-Aufseher« fand hier ebenso seine letzte Ruhe wie ein königlicher Brunnenmeister und ein geheimer Hofbaurat.

INTERESSANT

Karl Steinhofer wurde 1829 unter einer Pyramideneiche begraben. Der hohe Steinblock, der heute auf ihn aufmerksam macht, steht dort erst seit dem Jahr 1906. Damals regte der Kasseler Heimatforscher und Mundartdichter Paul Heidelbach an, dass der Vater des Steinhöfer Wasserfalls und des im Krieg zerstörten Neuen Wasserfalls eine besondere Ehrung verdient habe. Für das Grabmal wurde in der ganzen Stadt Geld gesammelt. Bis heute steht es auf dem kleinen Friedhof am Mulang.

GESCHICHTE

KOMMUNIZIERENDE RÖHREN ODER »WO KOMMT DENN NUR DAS WASSER HER?«

Wasserspiele ohne Wasser? Kaum denkbar – und daher nehmen wir Sie mit auf einen Spaziergang zum Wasserreservoir der barocken Wasserspiele. Wir erklären Ihnen die kommunizierenden Röhren und lassen Sie an der wunderschönen Landschaft teilhaben.

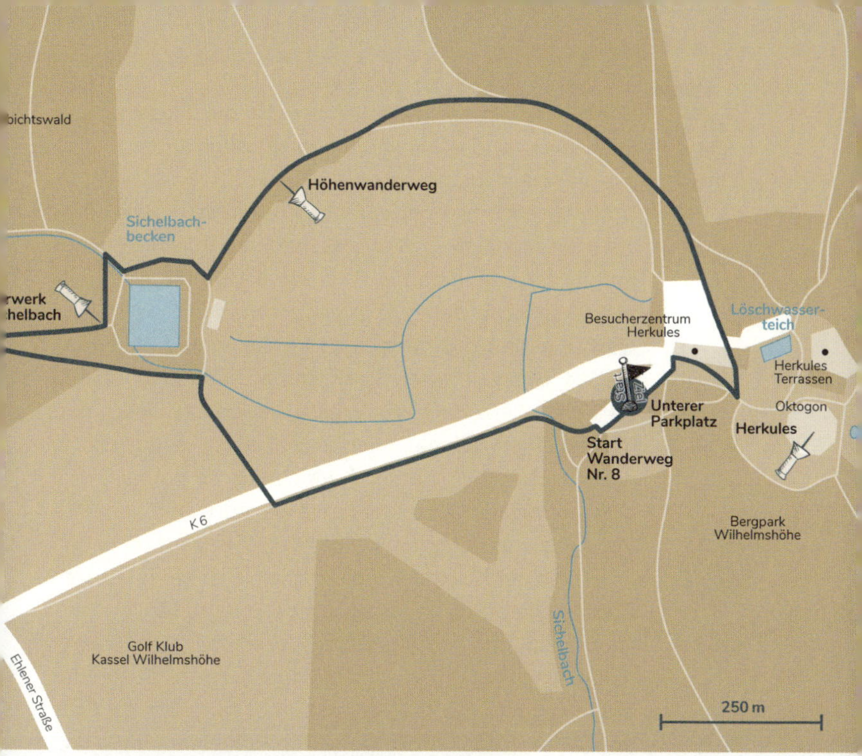

Start und Ziel: Parkplatz am Herkules

Dauer: 1 Std. 15 Min. **Länge:** 3,6 km

Strecke: Waldboden, Schotter, asphaltiert

Anfahrt: Tram 4 bis Endhaltestelle Druseltal, weiter mit Bus 22 bis Herkules

Gemeint ist natürlich das Wasser für die Wasserspiele. Schließlich sind es viele Hunderttausend Liter, die allein bei einer Inszenierung die Kaskaden hinabstürzen. Und wir reden hier nur von den Kaskaden, die als barocke Wasserkünste gelten. Alle anderen Spielorte gehören zu den romantischen Wasserspielen, die erst Jahrzehnte später in den Park integriert wurden. Das Wasser hierfür kommt aus ganz anderen Zuläufen. Eine Frage, die die Gäste unserer Stadt immer brennend interessiert ist: Wie kommt das Wasser wieder den Berg hinauf? Die Technik funktioniert ja schließlich heute noch so wie vor über 300 Jahren. Pumpen gab es damals noch nicht. Mancher Gästeführer erklärt dann mit todernster Miene, dass nach Abschluss der Wasserinszenierung unterhalb der Kaskaden viele kleine Helferlein hinter den Büschen hervorkommen, bewaffnet mit großen Wassereimern, um das aufgefangene Wasser den Berg wieder hinaufzuschleppen. Diese Anekdote sorgt jedes mal für große Erheiterung. In Wahrheit ist es natürlich so, dass das Wasser ganz unten aus dem Park hinausfließt und irgendwann einmal in der Fulda landet. Aber: Wo kommt das Wasser für die Kaskaden denn nun wirklich her? Hierzu empfehlen wir Ihnen eine kleine Wanderung, die Sie an den Wasserspieltagen bequem in Ihre Planung einbauen können.

Besucherzentrum Herkules-Terrassen
Schloßpark 26
34131 Kassel
Öffnungszeiten:
Di. – So. 10 – 17 Uhr

Es geht zum **SICHELBACHBECKEN**, jenem Wasserreservoir, in dem das Wasser für die barocken Wasserspiele gesammelt wird. Wir stehen am **BESUCHERZENTRUM HERKULES**, gehen hinunter zum unteren Parkplatz und nehmen den einfach zu laufenden **RUNDWEG NR. 8**.

Es geht eine Weile entlang der wunderschön angelegten Golfwiesen. Nach etwa 15 Minuten biegt der Weg scharf nach rechts ab. Wir überqueren die Straße und sehen schon das große Schild »Sichelbach«. Bis dorthin

ist es nicht mehr weit. Unterwegs haben wir sehr schöne Blicke in die weitläufige Landschaft. Schon sehr bald haben wir das Sichelbachreservoir erreicht. Von hier haben Sie einen wunderbaren Blick auf die Rückseite des Herkulesmonuments. Das Becken ist etwa 70 x 90 Meter groß, ca. 6 Meter tief und fasst etwa 40.000 Kubikmeter. Wenn man bedenkt, dass die Wasserspielsaison am 3. Oktober endet und erst am 1. Mai des Folgejahres wieder beginnt, bleiben also 8 Monate, um dieses Becken zu füllen. Es sind die Niederschläge, aber auch das Wasser der Schneeschmelze im Frühling sorgt dafür, dass das Becken immer gut gefüllt ist. Das hier gesammelte Wasser reichte aber zu keinem Zeitpunkt für einen ständigen Fluss. Will heißen: Die Wasserspiele konnten niemals, wie es vielleicht einmal geplant war, täglich stattfinden. Daher werden sie bis heute nur an bestimmten Tagen gezeigt. Das Wasser hier oben reicht aber locker

Wissenswert

aus, um die barocken Wasserinszenierungen etwa 50 Mal im Jahr stattfinden zu lassen. Was man von hier oben auch gut erkennen kann: Das Wasser muss eine Talsenke durchlaufen, bevor es oben am Herkules wieder ankommt. Schon damals war das physikalische Prinzip der **KOMMUNIZIERENDEN RÖHREN** bekannt. Wenn zwei oben offene Wassergefäße unten durch Röhren miteinander verbunden sind, ist der Wasserstand in ihnen stets gleich hoch. Ein Siphon in Ihrem Haushalt unter der Küchenspüle funktioniert übrigens genauso. Dieses Prinzip sorgte dafür, dass das Wasser, nachdem es die »Talsohle« durchschritten

hat, dort ankommt, wo es benötigt wird, am Herkules nämlich.

Vom Sichelbachbecken ist es nicht mehr weit, und wir sind wieder am Besucherzentrum Herkules angelangt. Im **RESTAURANT HERKULES TERRASSEN** haben Sie jetzt die Möglichkeit, sich vor Beginn der Wasserspiele, und für den Abstieg die Kaskaden hinunter und dann weiter entlang der romantischen Wasserspiele, noch etwas zu stärken.

EINKEHR-TIPP

Herkules Terrassen
Schloßpark 26
34131 Kassel
www.herkules-terrassen.de
Tel.: 0561-93731910
Öffnungszeiten: Mär. – Okt. Mo. – Sa. 11 – 22 Uhr, So. 10 – 18 Uhr, Nov. – Feb. Mo. – Sa. 11 – 21 Uhr, So. 11 – 18 Uhr

Bevor man die Kaskaden hinunterläuft, muss man noch eine »wichtige« Entscheidung treffen. Geht man rechts hinunter, sind es 539 Stufen, beim Abstieg auf der linken Seite sind es 4 Stufen weniger. Wie auch immer man sich entscheidet: Spätestens am nächsten Tag wird man möglicherweise Muskeln verspüren, die einem lange Zeit verborgen geblieben sind …

Der sogenannte »Vordere Westen« ist ein vom Krieg größtenteils verschonter Stadtteil. Häuser aus der Gründerzeit, ihre Parkanlagen und die besondere Atmosphäre bis hin zur Bombengrenze: Tauchen Sie ein in eine Welt, die nicht den Bomben 1943 zum Opfer fiel.

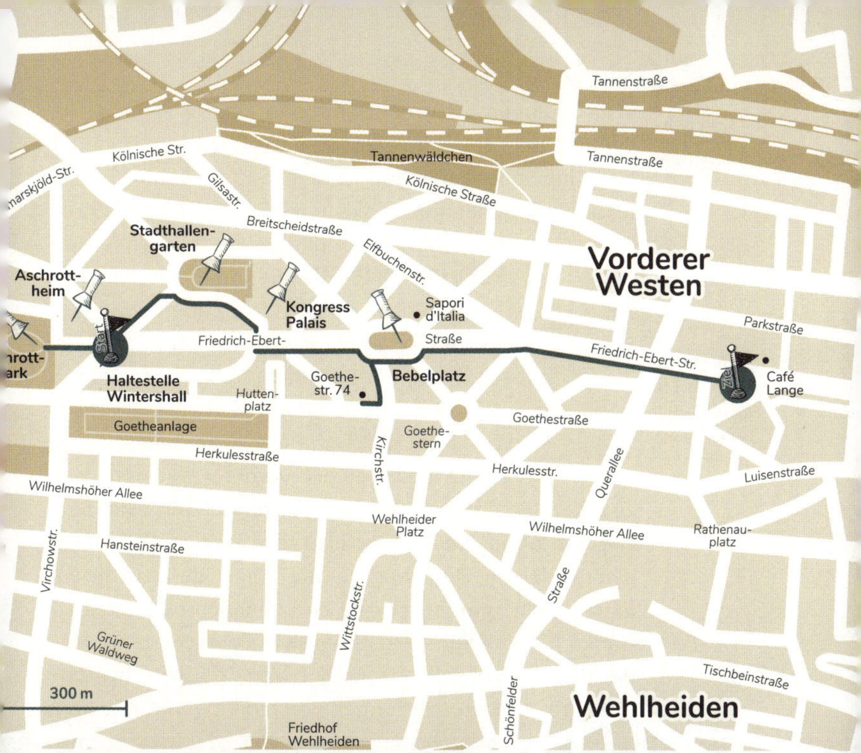

UNTERWEGS IM VORDEREN WESTEN

Start: Haltestelle »Wintershall«
Ziel: Café Lange, Friedrich-Ebert-Allee
Dauer: ca. 1 Std. 15 Min. **Länge:** 2,4 km
Strecke: Parkanlagen, asphaltiert
Anfahrt: Tram 4, Haltestelle »Wintershall«

START

Wir beginnen unseren Rundgang an der Haltestelle Wintershall der Tramlinie 4. Aus Richtung Bahnhof Wilhelmshöhe kommend sind es nur wenige Schritte, und wir gehen nach links in die Friedrich-Ebert-Straße. Es sind dann nur wenige Meter bis zum **ASCHROTTPARK**, ein malerischer kleiner Park von beeindruckender Schönheit.

Aschrottpark
Friedrich-Ebert-Straße 178
34119 Kassel

Sigmund Aschrott war es, der mit der Erschaffung dieses Parks gegen Ende des 19. Jahrhunderts seinem Lebenswerk, dem von ihm geschaffenen Gründerzeitviertel (heute bekannt als Vorderer Westen), sozusagen die Krone aufsetzte. Der Park ist mit einer Fläche von etwa drei Hektar überschaubar groß und auf einem kleinen Rundweg relativ zügig durchschritten. Es sei denn, man nutzt eine der zahlreich aufgestellten Bänke für eine kurze Rast, um dem Zwitschern der Vögel zu lauschen oder die üppige Vegetation zu bestaunen. Wir werden empfangen von mächtigen Kastanien.

BLICK AUF DEN HERKULES UND DAS SCHLOSS

Wenn wir rechtsherum gehen, kommen wir an einer **TENNISANLAGE** vorbei, die es bereits seit Beginn des 20. Jahrhunderts gibt. Direkt gegenüber dem Eingang haben wir einen wunderbaren Blick hinauf zum **SCHLOSS WILHELMSHÖHE** und zum **HERKULES**.

Wir verlassen den Park wieder am Haupteingang und kommen vorbei am **ASCHROTTHEIM**, vom Volksmund etwas despektierlich »Tanten-Aquarium« genannt.

ASCHROTTHEIM

Warum es Tanten-Aquarium genannt wird? Es entstand 1931 aus einem Wettbewerb heraus, in dem ein Altersheim für »ältere und rüstige Damen« ausgelobt wurde. Das ist bis heute so geblieben. Die Anlage galt damals als Musterbeispiel für modernes Bauen. Es hat zwar in den letzten Jahrzehnten zahlreiche Veränderungen gegeben, aber der ursprüngliche Bau ist noch gut zu erkennen.

KURIOS

ASCHROTTHEIM

Wir biegen nach wenigen Metern nach links ab in die Freiherr-vom-Stein-Straße. Auf der rechten Seite sehen wir einen mächtigen Hochhauskomplex. Es ist die **HAUPTVERWALTUNG DER WINTERSHALL AG**, ein international tätiger Erdöl- und Erdgasproduzent. 1957 gebaut, galt es seinerzeit als Kassels höchstes Haus.

Hauptverwaltung Wintershall AG
Friedrich-Ebert-Straße 160
34119 Kassel

Wir laufen nun direkt auf den **STADTHALLENGARTEN** zu. Dass Kassel eine Stadt im Grünen ist, haben wir an anderer Stelle in diesem Buch schon erwähnt. Diese kleine, aber feine innerstädtische Gartenanlage trägt sicher mit dazu bei, dieses Bild zu verfestigen. Auch hier kommt wieder der Unternehmer Sigmund Aschrott ins Spiel, der der Stadt dieses kleine Areal anlässlich der 1.000-Jahrfeier im Jahr 1913 schenkte, mit der Auflage, gleichzeitig eine Stadthalle zu errichten. Dies ist geschehen, wie wir gleich sehen werden. Wenn Sie eine Oase der Ruhe suchen – hier finden Sie sie, denn es sind meistens nicht viele Menschen, die

STADTHALLE

GOETHESTRASSE 74

sich hierher verirren. Von Landschaftsgärtnern der Stadt liebevoll jahreszeitlich bepflanzt, entdeckt man bestimmt eine Bank, die sich zwischen Hecken verbirgt. Genießen Sie einfach den Charme und die Ruhe dieser Anlage, denn vom umliegenden Verkehr wird man hier (fast) nichts hören. Auf einem kleinen Sockel weist eine **BÜSTE** darauf hin, dass sich Johann Wolfgang von Goethe zwischen 1779 bis 1801 mehrfach in Kassel aufgehalten hat.

Kongress Palais
Holger-Börner-Platz 1
34119 Kassel
www.kongress-palais.de
Tel.: 0561-707702, E-Mail:
veranstaltungsanfrage@
kassel-marketing.de

Wir verlassen den Stadthallengarten am rechten Seitenausgang, gehen vorbei am **H4-HOTEL** und kommen direkt zur Stadthalle, heute **KONGRESS PALAIS** genannt.

Das Kongress Palais Im Krieg kaum zerstört wurde das Gebäude in den 90er Jahren unter Beachtung des Denkmalschutzes sorgsam restauriert und mit hochmoderner Kommunikationstechnik versehen. Sie dient heute mit zahlreichen Sälen als Veranstaltungsort für Messen, Tagungen und Konzerte. Nicht umsonst gilt Kassel als größter Tagungsort zwischen Hannover und Frankfurt. Die zentrale Lage im Herzen der Bundesrepublik trägt ein Übriges dazu bei.

Wir gehen weiter die Friedrich-Ebert-Straße hinunter. Die Schmierereien auf den Häusern der rechten Straßenseite gehören noch nicht zum schönsten, was dieser Stadtteil zu bieten hat. Aber keine Angst – es wird besser! Wir nähern uns dem **AUGUST-BEBEL-PLATZ**. Hier sollten wir einen kleinen Abstecher nach rechts in den Kirchweg machen. Nach etwa 100 Metern stoßen wir auf die Goethestraße. Schon hier fallen repräsentative Häuser aus der Gründerzeit sofort ins Auge. Wir gehen nach rechts und machen vor dem Haus Nr. 74 einen kurzen Stopp. Hier hatte nach dem Krieg eine wichtige Persönlichkeit ihre Kanzlei – Elisabeth Selbert, Juristin und Politikerin.

Jugendstil am Bebelplatz

Vorderer Westen

ELISABETH SELBERT

Sie war eine von vier Frauen unter insgesamt 65 Abgeordneten, die nach dem Zweiten Weltkrieg über die deutsche Verfassung, das Grundgesetz also, berieten. Ihr haben wir es zu verdanken, dass im **Artikel 3 GG** der Satz festgeschrieben wurde: Männer und Frauen sind gleichberechtigt. Darf man Elisabeth Selbert nicht schon dafür als vielleicht wichtigste Mutter des Grundgesetzes bezeichnen?

Wir machen wieder kehrt, gehen den Kirchweg hinauf und kommen wieder auf den Bebelplatz, wie er von der einheimischen Bevölkerung nur genannt wird. Er stellt sich uns jetzt in seiner ganzen Pracht dar. Herrliche Bürgerhäuser aus der Gründerzeit, Jugendstilarchitektur, wunderbare Stuckarbeiten an den Fassaden. Dieser Stadtteil gilt mit Recht als Kassels beliebtester. Hier gibt es eigentlich alles, was das Herz begehrt. Sie verspüren gerade Appetit? Gleich rechts um die Ecke ist das **CAFÉ AM BEBELPLATZ**. Es soll etwas deftiger sein? Halbrechts gegenüber an der Ecke Dörnbergstraße gibt es das **SAPORI D'ITALIA**, ein gemütliches kleines Lokal mit Wohnzimmeratmosphäre.

Die Friedrich-Ebert-Straße, die wir ab jetzt stadteinwärts laufen, hat sich im Laufe der Jahrzehnte gewandelt. Waren es vor dem Krieg gut betuchte Bürger und Beamte, die es sich hier gut gehen ließen, entdeckten in den 70er Jahren Studentinnen und Studenten diesen Stadtteil für sich; die Wohnungen waren nicht komfortabel, aber billig und damit bestens geeignet für Wohngemeinschaften. Auch das hat sich grundlegend geändert. Die Häuser bzw. Wohnungen wur-

Café am Bebelplatz
Friedrich-Ebert-Straße 153
34119 Kassel
www.cafe-am-bebelplatz.de
Tel.: 0561-51079499
Öffnungszeiten:
Mo.–So. 10–19 Uhr

Sapori d'Italia
Dörnbergstraße 1
34119 Kassel
Tel.: 0561-4749524
www.saporikassel.de
Öffnungszeiten:
Mo.–Fr. 8–18.30 Uhr
Sa. 8–15 Uhr

Brotgarten
Friedrich-Ebert-Straße 141
34119 Kassel
Tel.: 0561-772158
www.brotgarten.info/baeckereien/in-kassel
Öffnungszeiten:
Mo. – Fr. 8 – 18.30 Uhr
Sa. – 13.30 Uhr

Der Käseladen
Friedrich-Ebert-Straße 143
34119 Kassel
Öffnungszeiten:
Mo. – Sa. 9 – 18.30 Uhr

Biometzgerei Armbröster
Friedrich-Ebert-Straße 143
34119 Kassel
Tel.: 0561-92025839
www.biometzgerei-armbroester.de
Öffnungszeiten:
Mo. – Fr. 8 – 18.30 Uhr
Sa. 8 – 13 Uhr

Eberts
Friedrich-Ebert-Straße 116
34119 Kassel
Tel.: 0561-7399230
www.eberts-kassel.de
Öffnungszeiten:
Mo. – So. 9 – 21.30 Uhr

den aufwendig saniert. In Kassel sagt man: »Hier wohnen heute die Studenten von damals«, sprich Leute, die es sich leisten können. Die Friedrich-Ebert-Straße hat ein wunderbares Flair: Geschäft reiht sich an Geschäft, oftmals noch inhabergeführt und auch bio wie der **BROTGARTEN** oder **DER KÄSELADEN**.

Gleich daneben die **BIOMETZGEREI ARMBRÖSTER**, die hier, neben ihrem Stand in der Kasseler Markthalle, eine zweite Filiale aufgemacht hat. Ziemlich genau gegenüber das **EBERTS**, eine der angesagtesten Szenekneipen in Kassel. Wenn wir uns an dieser Stelle einmal umdrehen, haben wir einen wunderbaren Blick auf den Herkules.

Schauen Sie an der Straßenbahnhaltestelle »Friedenskirche« einmal hinein in die Bodelschwinghstraße und stellen sich diese Straße ohne den üppigen Baumbewuchs zu beiden Seiten vor. Diese Straße würde doch trist wirken, oder?

Stadtverwaldung 1983 wurden hier auf Initiative von Joseph Beuys im Rahmen seines documenta-Projekts »7.000 Eichen – Stadtverwaldung statt Stadtverwaltung« im gesamten Stadtgebiet 7.000 Bäume gepflanzt. Es sind zugegebenermaßen nicht nur Eichen, das hängt mit der Bodenbeschaffenheit zusammen. Im vorliegenden Fall sind es Robinien, die der Straße – besonders während der Blüte – einen fast mediterranen Charakter geben.

Bekannt ist die Friedrich-Ebert-Straße auch für zahlreiche Trödel- und Antiquitätenläden, wie wir im weite-

ren Verlauf unseres Spaziergangs noch feststellen werden. Im Haus Nr. 101 finden wir den Laden **STADTLIEBE**, wo kleine Souvenirs aus Kassel »mit love« angeboten werden, u. a. der **KASSELER STADTHONIG**. Honig aus Kassel? Warum nicht? Schließlich zählt unsere Stadt zu den grünsten in Deutschland, Nahrung für die Bienen gibt es also reichlich.

Stadtliebe
Friedrich-Ebert-Straße 101
34119 Kassel
Öffnungszeiten:
Mo.–Fr. 11–18 Uhr
Sa. 11–16 Uhr

Kasseler Stadthonig Victor Hernandez, der Stadtimker, hat seine Bienenvölker im gesamten Stadtgebiet verteilt, sogar auf dem Staatstheater. Von dort ist es schließlich nur einen »Bienensprung« bis hinunter in die Karlsaue.

Etwa in Höhe des Hauses Friedrich-Ebert-Str. 84 stehen wir an der »Bombengrenze«. Eine makabre Erinnerung an das, was mit dieser Stadt während des Zweiten Weltkriegs geschah. Das Haus Nr. 84 gehört noch zur ursprünglichen Bebauung dieser Straße. Alle Häuser davor wurden im Krieg zerstört und in den 1950er Jahren in typischer Architektur der damaligen Zeit neu errichtet.

Café Lange
Friedrich-Ebert-Straße 72
34119 Kassel
www.cafelange.de
Tel.: 0561-17138
Öffnungszeiten:
Mo. – So. 6 – 18 Uhr

Etwa in Höhe des **CAFÉ LANGE**, dort, wo von rechts die Goethestraße auf die Friedrich-Ebert-Straße trifft, beginnt die Kasseler **KNEIPENMEILE**.

Wer also abends nach einem anstrengenden Spaziergang noch Lust auf einen »Absacker« hat, ist hier genau richtig. Kneipen, Bars, hier wird man auf jeden

Fall fündig. Bei großen Sportveranstaltungen (z. B. Fußball-EM oder -WM) wird dieser Abschnitt von den ansässigen Geschäftsleuten aufwendig geschmückt und mit den Flaggen der jeweils teilnehmenden Länder versehen – ein farbenfrohes Fahnenmeer. In vielen Fällen ist dann dieser Abschnitt der Friedrich-Ebert-Straße für den Individualverkehr gesperrt und gehört allein dem Publikum.

Unser »offizieller« Spaziergang ist hier zu Ende. Es sind nur noch etwa 500 Meter und schon ist man wieder im Zentrum des Geschehens, der Oberen Königsstraße.

Shopping-Tipp

Kneipenmeile, Friedrich-Ebert-Straße

Als Ruine gebaut: Die Löwenburg gehört zu den schönsten Gebäuden im Bergpark Wilhelmshöhe

SERVICE

Von April bis Ende Oktober eine gute Adresse: Die Blumeninsel Siebenbergen

Das Modell der im Krieg zerstörten Stadt aus dem Stadtmuseum

Ein Ort für komische Kunst: Die Caricatura im Kulturbahnhof

Wer verstehen will, warum es in der Kasseler Innenstadt nur ganz wenige historische Gebäude gibt, der sollte einen Abstecher ins Stadtmuseum am Ständeplatz einplanen. Unabhängig von den sehenswerten Sonderausstellungen steht dort ein großes und beeindruckendes Modell der zerstörten Stadt. Mit einigen Orientierungspunkten wie dem Druselturm, dem Ottoneum und dem Turm der Lutherkirche kann man sich hier in einer Trümmerlandschaft zwischen den Ruinen der Häuser orientieren. So sah die in der Bombennacht vom 22. Oktober 1943 zerstörte Stadt am Ende des Zweiten Weltkriegs aus. Von der Residenzstadt mit ihren wunderschönen Fachwerkhäusern blieb so gut wie nichts übrig. Einige der Wunden sind bis heute noch zu sehen.
Stadtmuseum, Ständeplatz 16, Tel.: 0561-7874405
www.stadtmuseum-ks.de

Museumslandschaft Hessen Kassel (MHK)

GEMÄLDEGALERIE ALTE MEISTER

Einen Schwerpunkt bildet die holländische und flämische Malerei des 17. Jahrhunderts. Auf drei Stockwerken werden etwa 500 Gemälde präsentiert, von denen ein Großteil aus dem Besitz von Landgraf Wilhelm VIII. stammt. Dieser Kunst liebende Fürst hat im 18. Jahrhundert eine Gemäldesammlung von europäischem Rang zusammengetragen, darunter Rembrandts Saskia.

ANTIKENSAMMLUNG

Die Dauerausstellung im Schloss Wilhelmshöhe umfasst die Kategorien Archäologie, Skulptur, Mythos, Griechen, Römer und Herkules. Im Untergeschoss von Schloss Wilhelmshöhe dokumentieren 33 Korkmodelle antiker Bauwerke Roms die Antikenbegeisterung des hessischen Landgrafen Friedrich II. (1720 – 1785), die ihn 1779 zur Gründung des Fridericianum bewegte.

GRAPHISCHE SAMMLUNG

Die Graphische Sammlung verwahrt über 60.000 Handzeichnungen, Plakate, druckgraphische Arbeiten und illustrierte Bücher. Zeitlich reicht ihr Spektrum vom Spätmittelalter bis zur zeitgenössischen Kunst oder von Albrecht Dürer bis zu Georg Baselitz, regional von Deutschland über die Niederlande und Frankreich bis nach Italien.

WEISSENSTEINFLÜGEL SCHLOSS WILHELMSHÖHE

Der Weißensteinflügel entstand in den Jahren 1786 – 1790 im Auftrag von Landgraf Wilhelm IX., dem späteren Kurfürst Wilhelm I. Ursprünglich waren hier die landgräflichen Appartements und Repräsentationsräume untergebracht. Heute können 23 der historischen Schlossräume im Rahmen einer Führung besichtigt werden.

BALLHAUS

Nach außen wirkt das frisch renovierte Gebäude eher schlicht. Das Innere mit dem großen, prachtvoll ausgemalten und mit Kristalllüstern versehenen Ballsaal versetzt deshalb umso mehr in Erstaunen. Das Ballhaus wurde 1809 von Leo Klenze als Hoftheater für Jérôme Bonaparte errichtet und war das erste Gebäude des berühmten Münchener Architekten. Die heutige prachtvolle Innenausstattung entstand durch den Kasseler Architekten Johann Conrad Bromeis.

GROSSES GEWÄCHSHAUS

Kurfürst Wilhelm II. ließ 1822/23 das Gewächshaus zur Kultivierung kostbarer exotischer Pflanzen errichten. Es wurde in den Jahren 1886-88 durch einen großen rechteckigen Mittelbau erweitert. Die filigrane Eisen-Glas-Konstruktion gehört zu den frühesten ihrer Art in Deutschland. Schon zu Wilhelms Zeiten wurden in den Wintermonaten frostempfindliche Pflanzen im Gewächshaus aufbewahrt. Hier kann man ein Farbenmeer von Orchideen, Palmen, Kamelien, Bananen und anderen exotischen Pflanzen bewundern.

LÖWENBURG

Von weitem erscheint die Löwenburg dem Besucher wie eine romantische mittelalterliche Ritterburg. Gebaut wurde sie jedoch Ende des 18. Jahrhunderts von Heinrich Christoph Jussow. Die Löwenburg diente nicht als Festung, sondern als Lustschloss. So finden sich in ihrem Innern fürstliche Wohnräume und deren reichhaltige Ausstattung mit historischen Möbeln, Gemälden, Tapisserien, Gläsern, Bronzen, einer großartigen Waffensammlung und mittelalterlichen Glasfenstern. Nach einer umfangreichen Sanierung sind die fürstlichen Wohnräume bei Führungen wieder zu besichtigen. Der im Krieg zerstörte Hauptturm der Burg wurde mit künstlichem Tuffstein rekonstruiert. Von der Besucherplattform hat man einen herrlichen Blick über den Bergpark bis zur Innenstadt.

HERKULES UND OKTOGON

Landgraf Karl ließ von 1700 bis 1717 durch den italienischen Architekten Giovanni Francesco Guerniero das Oktogon mit der Figur des Herkules als krönenden Abschluss der 1,5 Kilometer langen Kaskadenanlage errichten. Über dem achteckigen Unterbau erhebt sich eine Pyramide, die von einer Statue des Herkules gekrönt wird. Eine Treppe führt hinauf auf eine Besucherplattform in 28,5 Metern Höhe, von der man einen einzigartigen Blick auf die Parkanlage sowie die Stadt Kassel hat.

BRÜDER-GRIMM-PLATZ

Hessisches Landesmuseum. Hier werden auf drei Ebenen mit knapp 4.000 Quadratmetern Ausstellungsfläche Objekte aus den Sammlungen der Vor- und Frühgeschichte, der Angewandten Kunst und der Volkskunde präsentiert. Herausragend ist der Blick vom Turm des Gebäudes am Beginn der Wilhelmshöher Allee.

SCHÖNE AUSSICHT: NEUE GALERIE

Wer sich für die Geschichte der documenta interessiert, ist hier richtig. Von der ersten Ausstellung 1955 bis in die Gegenwart ist eine ganze Etage diesem Thema gewidmet. Zu den Schwerpunkten der Sammlung gehört die Malerei des 19. Jahrhunderts mit bedeutenden Exponaten besonders zur Entwicklung der Landschaftsmalerei. Herzstück der Neuen Galerie ist der von Joseph Beuys persönlich eingerichtete Raum im Erdgeschoss.

KARLSAUE: MARMORBAD

Das von 1722 – 1728 unter Landgraf Karl errichtete Marmorbad ist Deutschlands letzte bedeutende und erhaltene repräsentative Badeanlage aus dieser Zeit. Der französische Bildhauer Pierre-Étienne Monnot (1657 – 1733) schuf die prachtvolle Innenarchitektur.

KARLSAUE MIT INSEL SIEBENBERGEN

Nur wenige Schritte vom Zentrum entfernt liegt unterhalb des Rosenhanges die Karlsaue. Sie wurde um 1700 als barocke Parkanlage geschaffen. Mit zahlreichen Wasserbassins und fächerförmig angeordneten Kanälen wurde der Park mit Orangerieschloss zur Sommerresidenz von Landgraf Karl. Später wurde ein Teil der barocken Anlage zum Landschaftspark umgestaltet. Am Ende des Parks liegt die Insel Siebenbergen, die auch Blumeninsel genannt wird.

SCHLOSS UND PARK WILHELMSTHAL

Das bei Calden gelegene Schloss Wilhelmsthal gilt als eines der schönsten Rokokoschlösser Deutschlands.

Landgraf Wilhelm VIII. ließ dieses Lustschloss ab 1747 nach Entwürfen des berühmten Münchner Hofarchitekten François de Cuvilliés errichten. Sein Sohn Friedrich II. führte das Projekt bis in die 1770er Jahre fort. Die Innengestaltung übernahm der auch für das Potsdamer Schloss Sanssouci tätige Bildhauer Johann August Nahl.

Infos zu Öffnungszeiten und Eintrittspreisen dieser Einrichtungen der Museumslandschaft Hessen Kassel unter www.museum.kassel.de und telefonisch unter 0561-316800.

Weitere Museen und Ausstellungen

GRIMMWELT

Allein das Gebäude auf dem Weinberg ist eine Attraktion. Vom begehbaren Flachdach hat man einen tollen Blick über die Stadt. Drinnen gibt es viel Sehens- und Lesenswertes zum Wirken und Leben der Brüder Grimm, die viele Jahre in Kassel verbrachten. Geboten werden interaktive Präsentationen zum Deutschen Wörterbuch, zu den Kinder- und Hausmärchen sowie zum Leben von Jacob und Wilhelm Grimm. Hinzu kommen Sonderausstellungen.

Weinbergstraße 21, Tel.: 0561-5986190, www.grimmwelt.de

MUSEUM FÜR SEPULKRALKULTUR

Um Tod und Sterben, Bestatten und Erinnern geht es in Deutschlands einzigen Museum für Sepulkralkultur. Es zeigt kulturhistorische und zeitgenössische Zeugnisse der Bestattungs-, Friedhofs- und Trauerkultur im deutschsprachigen Raum vom Mittelalter bis heute.

Weinbergstraße 25, Tel.: 0561-918930, www.sepulkralmuseum.de

CARICATURA

Die Caricatura im Kulturbahnhof ist Ausstellungs- und Veranstaltungsraum für Komische Kunst. Die Galerie zeigt Arbeiten aus den Bereichen Satire, Cartoon, Karikatur, Comic sowie Komische Zeichnung und Komische Malerei und bietet ein Forum für Lesungen und satirische Bühnenprogramme. Parallel zur documenta präsentiert die Caricatura seit 1987 alle fünf Jahre die größte Sammelausstellung Komischer Kunst im deutschsprachigen Raum.

Rainer-Dierichs-Platz 1, Tel.: 0561-827998-0, www.caricatura.de

KUNSTHALLE FRIDERICIANUM

Die Kunsthalle Fridericianum präsentiert Gegenwartskunst im ältesten öffentlichen Museumsbau des europäischen Kontinents. In der documenta-Stadt Kassel setzt die Kunsthalle Fridericianum auf Einzelschauen junger internationaler Künstler und Künstlerinnen.

Friedrichsplatz 18, Tel.: 0561-7072720, www.fridericianum.org

DOCUMENTA-ARCHIV

Das documenta-Archiv wurde 1961 auf Initiative von Arnold Bode gegründet, um die Geschichte der documenta zu bewahren. Es verfügt neben zahlreichen documenta-Archivalien auch über ein umfangreiches Medienarchiv zur documenta-Geschichte sowie eine Spezialbibliothek.

Untere Karlsstraße 4, Tel.: 0561-707273100, www.documenta-archiv.de

NATURKUNDEMUSEUM

Das Naturkundemuseum befindet sich im ältesten Theatergebäude Deutschlands, dem 1607 erbauten Ottoneum. Auf drei Etagen ist die Naturgeschichte der Region mit ihren Sauriern, Mammuts und Meeresbewoh-

nern, heutigen Lebensräumen präsentiert. Regelmäßig gibt es attraktive Sonderausstellungen.
Steinweg 2, Tel.: 0561-7874066, www.naturkundemuseum-kassel.de

Wiederkehrende Veranstaltungen

- Das wunderschöne Rokoko-Schloss Wilhelmsthal und der Park sind im Mai Kulisse für das **Gartenfest**. Ein Augenschmaus für Gartenliebhaber
- **Bergparkleuchten** sowie **Wasserspiele**: Beleuchtete Wasserspiele siehe Termine unter www.kassel.de
- **Kultursommer Nordhessen**: Hochkarätig besetzte Open-Air Kulturveranstaltungen. Weitere Infos unter www.kultursommer-nordhessen.de
- **Bergpark Konzerte** am Konzertpavillon
- **Kulturzelt an der Drahtbrücke**: International besetztes Musikfestival
- **Sommernachts-Open-Air** in der Karlsaue: Eine der beliebtesten Veranstaltungen in Kassel direkt vor der Orangerie. Das Orchester des Staatstheaters spielt, und Tausende, die sich mit Klappstühlen und selbst mitgebrachten Leckereien bewaffnet haben, hören zu
- **Zissel** – Kassels Volks-und Wasserfest mit langer Tradition. Der Auedamm wird zur Partymeile
- **Herbstzauber** in der Karlsaue: In unmittelbarer Nähe zur Blumeninsel Siebenbergen. Farbenpracht schlechthin, Schönes und Skurriles für Wohnung und Garten
- **Kasseler Museumsnacht** gehört am 1. Samstag im September sicherlich zu den Höhepunkten im Kasseler Kulturkalender

Weitergehende Hinweise zu allen Kulturveranstaltungen finden Sie unter www.kassel.de

Gastronomieempfehlungen

Frühstück

Wer sich an einem Wochenende in Kassel aufhält – vielleicht noch dazu an einem Samstag – der sollte sich einen Besuch im **CAFÉ MARKTTREFF** in der Markthalle gönnen. Hier gibt es typisch nordhessische Schmeggewöhlerchen, von süß bis herzhaft. Aber nicht vergessen: Es heißt bei uns »Ahle Worschd« und auf keinen Fall Salami, Mettwurst oder noch schlimmer: Cervelatwurst. Samstags kann es voll werden!

Eine weitere gute Empfehlung ist das **CAFÉ NENNINGER**, direkt am Friedrichsplatz gelegen, Familienbetrieb in 3. Generation. Eine breite Palette an Frühstücksangeboten erwartet Sie hier. Vom Kasseler Frühstück mit (natürlich) Ahler Worschd bis hin zum Verwöhnfrühstück mit Prosecco ist alles dabei. Auch warme Speisen in großer Auswahl werden angeboten. Sie suchen ein Mitbringsel aus Kassel? Wie wärs denn mit selbstgemachten Pralinen mit Brüder-Grimm-Konterfei? Im Sommer mit großer Außenterrasse.

Auch innenstadtnah, direkt am Beginn der Treppenstraße gelegen, ist das **STADTCAFÉ**. Im Sommer mit vielen Plätzen draußen kann man das Treiben auf der Treppenstraße beobachten. Mehrere Frühstücksvariationen.

Nicht weit davon entfernt in der Theaterstraße 1 (Florentiner Platz/Neue Fahrt) ist die **CHOCOLATERIE & PATISSERIE CHRISTIAN BACH**. Schon der Name deutet darauf hin, dass es hier französisch zugeht. Stellen Sie sich Ihren »bodenlosen Frühstücksteller« selbst zusammen! Beim Anblick der selbst hergestellten Trüffel und Pralinés läuft uns jedes Mal das Wasser im Mund zusammen.

Ein schon legendärer Ort zum Frühstück in unmittelbarer Nähe zur Universität ist das **CAFÉ NORDPOL** in der Gottschalkstraße. Das Publikum: Vom Fabrikarbeiter bis zum Professor, vom Studenten bis zum Jacketträger ist alles vertreten. Wer hier nicht satt wird, ist selbst schuld. Große Frühstücksauswahl, aber auch Pizza, Pasta und Fleischgerichte werden angeboten. Achtung: Nicht zu spät hingehen, dann kommen nämlich die Studenten!

Parallel zur Friedrich-Ebert-Straße verläuft das Königstor. Im Haus Königstor 46 gibt es das **WEISSENSTEIN**, und hier geht es biologisch zu. Vom Frühstück über wechselnde Mittagsangebote bis hin zu selbstgemachtem Kuchen.

CAFÉ LANGE in der Friedrich-Ebert-Straße 72, eine Institution im Vorderen Westen mit großer Frühstücksauswahl. Auch warme Speisen werden angeboten, und so etwas wie der »Crazy Cake«, eine knusprige Vollkornschale gefüllt mit herzhaften Leckereien.

Rund um den Bebelplatz gibt es weitere Möglichkeiten zum Frühstücken oder zur Kaffeepause: Das **CAFÉ AM BEBELPLATZ**, das **SAPORI D'ITALIA**, oder das **CAFÉ WESTEND** in der Dörnbergstraße/Ecke Elfbuchenstraße.

Kaffee und Kuchen

Wenn man sich in der Innenstadt aufhält, kommt man am **CAFÉ NENNINGER** mit seiner riesigen Kuchen- und Tortenauswahl kaum vorbei. Auch das **STADTCAFÉ** Treppenstraße verdient eine Empfehlung. Tolle Waffelgerichte gibt es bei **MOON COFFEE&WAFFLE** in der Friedrich-Ebert-Straße 1. Wer einmal im **CAFÉ LANGE** war, kommt gern wieder. Bäcker Becker in der Friedrich-Ebert-Straße 119 für die Rast zwischendurch. Wer sich in Wilhelmshöhe aufhält: Das **ALLEE CAFÉ** in der Wilhelmshöher Allee 277 bietet eine gute Auswahl an Kuchen und Torten. Wenn Sie nach einem Spaziergang im Park oder nach dem Besuch der Wasserspiele wieder Kraft schöpfen wollen, empfehlen wir das Café Jérôme im Schloss Wilhelmshöhe

Abends

Direkt an der Fulda liegt das griechische Restaurant **MOLOS** am Auedamm direkt neben dem Schwimmbad. Griechisches Essen, im Sommer auf einer großen Terrasse mit Blick auf die Fulda. Wenn da kein Urlaubsfeeling aufkommt!

Ebenfalls am Auedamm gelegen ist das **HOUSE OF PANCAKE**. Was es dort gibt? Logisch! Pfannkuchen, und zwar in riesiger Auswahl. Aber auch verschiedene Salate, Schnitzelvariationen und sonstige Snacks. Schauen Sie einmal auf die Homepage dieses Restaurants. Dort erzählt man Ihnen die »Pancake Story« – zum Schreien komisch.

Der **RENTHOF** muss eine Erwähnung finden. Hervorgegangen aus einem Karmeliterkloster, das 1526 durch die Reformation zur Auflösung gezwungen wurde, hat es eine wechselvolle Geschichte hinter sich. Ende der 1990er Jahre mit viel Liebe zum Detail aufwendig saniert. Im Sommer sitzt man in einem wunderbaren Innenhof. Das Restaurant bietet regionale und internationale Speisen.

BOLERO an der Schönen Aussicht mit Blick auf Karlsaue und Orangerie. Was es gibt? Das Beste aus Amerika, und von Nord nach Süd. Also leckere Burger und tolle Steaks, Fajitas und Quesadillas, dazu leckere Cocktails und Longdrinks. Lockere und entspannte Atmosphäre, bei jungen (und Junggebliebenen) sehr beliebt.

KOKOTAO? Vermutlich weiß nicht einmal der Inhaber, wie es zu diesem Namen gekommen ist. Egal, das Restaurant ist ein beliebter Szenetreff für Jung und Alt in der Wilhelmsstraße. Gleich nebenan ist das Cineplex-Kino. Indonesische, italienische und amerikanische Küche wird hier geboten. Die leckeren Burger heißen z. B. »Der Casanova«, »Der Schöne« und »Das Biest«. Im Sommer sitzt man draußen.

Nicht weit davon entfernt: **LOHMANN** am Königstor 8. Älteste Kneipe Kassels, wobei der Begriff »Kneipe« durchaus gewollt ist. Es geht ungezwungen zu. Hier trifft sich Alt und Jung, Arm und Reich. Sehr beliebt, daher oft sehr voll. Im Sommer sitzt man im Biergarten. Die Schnitzel sind legendär und ragen meistens über den Tellerrand hinaus.

Einige werden sich an das Märchen »Die Gänsemagd« von den Brüdern Grimm erinnern. Dort kommt ein sprechendes Pferd namens **FALADA** vor. Was lag näher, als das Restaurant in der Grimmwelt Falada zu nennen? Davor Grimms Garten, wohl eine der schönsten Locations im Sommer mit fantastischem Blick auf die Kasseler Südstadt und im Westen auf den Herkules.

In einem wunderschön sanierten Jugendstilhaus im Vorderen Westen (Querallee 36/Ecke Goethestraße) ist das italienische Restaurant **BACCANO** untergebracht. Hier dürfen Sie alles erwarten, was die italienische Küche zu bieten hat, dazu erlesene Weine aus allen Regionen Italiens. Relativ große Auswahl an Bieren.

Wer es einmal spanisch mag: In der Parkstraße 42/Ecke Querallee liegt das Restaurant **EL ERNI**. Seinen Namen hat es von Hernan Cortéz, dem Inhaber, der hier nur »Erni« genannt wird. Das Restaurant hat schon zahlreiche Auszeichnungen erhalten, u. a. im Michelin-Reiseführer. Für ein romantisches Abendessen ist das El Erni sicherlich eine Empfehlung. Wunderschöne Außenterrasse.

Nicht weit davon entfernt, die Querallee steil hinauf und dann nach rechts auf die Kölnische Straße abbiegend, erreicht man das **BEL AMI**, wo Sie von Peter und Felix herzlich begrüßt werden. Felix ist Italiener, und das merkt man. Seine fröhliche ungezwungene Art ist ansteckend. Peter ist für das leibliche Wohl zuständig. Deutsch-italienische Küche ist hier angesagt. Genau gegenüber gab es früher eine traditionsreiche Brauerei. Sie wurde abgerissen, hier entsteht gerade ein neues Wohnviertel.

Im Stadtteil Bad Wilhelmshöhe liegt an der Wilhelmshöher Allee das Restaurant **DUCK DICH**, untergebracht in einem der ältesten Fachwerkhäuser an der »Willi-Allee«. Den Namen des Restaurants müssen Sie wörtlich nehmen: Es ist eng, man muss sich tatsächlich ducken. Überall Balken und Schrägbalken, dafür aber urgemütlich. Spezialität hier ist das Essen vom »heißen Stein«.

Nicht weit davon entfernt in der Lange Straße gibt es das **SZENARIO**, ein angesagtes traditionelles Kasseler Szenelokal. Die Küche ist international, Burger- und Steak-Liebhaber kommen hier auf ihre Kosten. Schöne Weinauswahl.

Im Ortsteil Wahlershausen befindet sich das Restaurant **ILYSSIA**, wo Ihnen gehobene griechische Küche abseits von »Gyros, Pommes und Tsatsiki« geboten wird, was Sie natürlich auch erhalten. Exzellente Fischgerichte. Stimmungsvoll und modern eingerichtet, im Sommer hübscher Biergarten.

Schräg gegenüber liegt das urige **BRAUHAUS ZUM RAMMELSBERG**. Ein Wirtshaus im klassischen Brauhausstil, untergebracht in einem alten Fachwerkhaus. Die Küche ist gutbürgerlich, von deftig-herzhaft bis fein. Bekannt für sein Bier, und zwar Hütt-Bier von einer Brauerei unweit von Kassel, wo seit Mitte des 18. Jahrhunderts Bier gebraut wird. Großer Biergarten.

Fast am Ende der Wilhelmshöher Allee unweit der Kurhessen-Therme liegt das **RESTAURANT GUTSHOF**. Der Bergpark und das Schloss Wilhelmshöhe sind nicht weit. Sie speisen in historischen Gemäuern. Ehemals Domäne, wurde von hier das nahe Schloss Wilhelmshöhe mit frischen Nahrungsmitteln versorgt. Typisch hessische, aber auch internationale Küche. Der Küchenchef Jens Richter hat sich als Fernsehkoch einen Namen gemacht. Große Terrasse mit Biergarten. Gleich nebenan das Studio des Hessischen Rundfunks.

BILDNACHWEIS

Icons: ArtMar/Shutterstock; Designed by Freepik; Designed by macrovector / Freepik; Designed by Olga_spb / Freepik; Designed by Freepik; Designed by rawpixel.com / Freepik; Designed by 0melapics / Freepik; Designed by ilonitta / Freepik; Designed by grmarc / Freepik ; Lemonade Serenade/Shutterstock, Olga_Angelloz/Shutterstock

Farbstreifen: Designed by Harryarts / Freepik

Bodden, Hans-Jürgen und Bis-Bodden, Jörg Emmerich (22-23, 25-26, 28-31, 35, 37, 50-52, 54, 57-58, 61, 63, 64, 66-67, 69-72, 74, 84-85, 87-93, 102-103, 105-107, 116-121, 132-133, 135-144, 147-149); HNA-Archiv (8, 13-14, 39-40, 45-48, 78-79, 99, 100-101, 109-110, 115 (u.), 123-130, 150, 151); Siemon, Thomas (12-21, 38-45, 78-83, 94-96, 98, 108-115, 122-124, 131); Shutterstock/ hecke61 (65).

DIE AUTOREN

Thomas Siemon (Jahrgang 1959) lebt seit 30 Jahren in Kassel und hat die Stadt schätzen gelernt. Über die jüngere Geschichte mit der Zäsur der Zerstörung im Oktober 1943 hat er zwei Bücher geschrieben. Er arbeitet in der Stadtredaktion der Hessisch-Niedersächsischen Allgemeinen (HNA) und wohnt mit Frau und Sohn in Bad Wilhelmshöhe.

Hans-Jürgen Bodden † lebte Jahrzehnte lang in Kassel und war bis zu seiner Pensionierung in der öffentlichen Verwaltung in leitender Position tätig. Danach ließ er sich über mehrere Monate zum Gästeführer ausbilden und begleitete seitdem Gäste aus allen Teilen der Bundesrepublik bei Stadtspaziergängen, Stadtrundfahrten und vielem mehr. Seine besondere Vorliebe galt dem Kaselänisch, also der Kasseler Mundart. Von der Lokalzeitung HNA wurde er als »Schnuddel-Hannes« etabliert und schrieb regelmäßig mundartliche Kolumnen, in denen er das Geschehen in dieser Stadt kommentierte; witzig und immer mit einem Augenzwinkern versehen. Hans-Jürgen Bodden verstarb im Januar 2022.

DANK

Von unschätzbarem Wert bei der Bearbeitung und kritischen Durchsicht der Texte sowie Auswahl der Bilder war Jörg-Emmerich Bis-Bodden. Er lebt zwar erst seit knapp 10 Jahren hier, hat aber gerade deswegen noch einen »unverfälschten« Blick auf diese schöne Stadt und konnte viele wertvolle Hinweise liefern. Danke, mein Lieber!

(Hans-Jürgen Bodden)

NVV Liniennetz KasselPlus

R RT Tram BUS AST

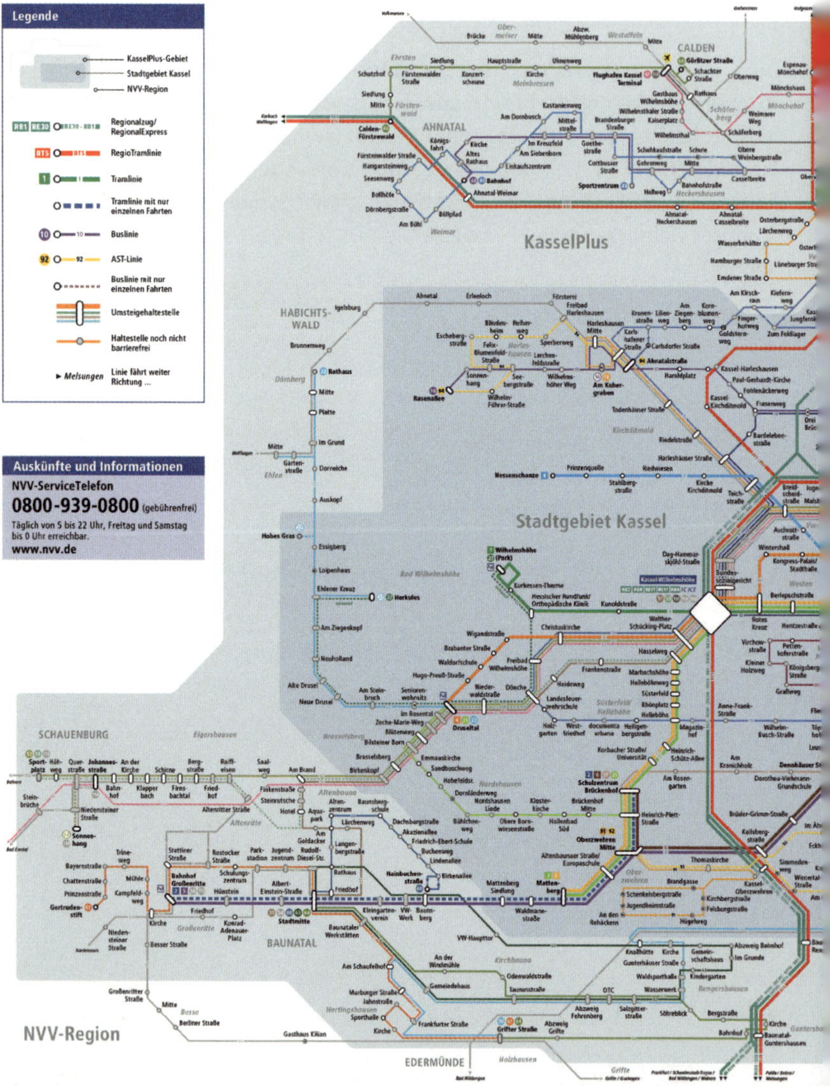

Auskünfte und Informationen

NVV-ServiceTelefon

0800-939-0800 (gebührenfrei)

Täglich von 5 bis 22 Uhr, Freitag und Samstag bis 0 Uhr erreichbar.

www.nvv.de

Stand: 13.12.2020

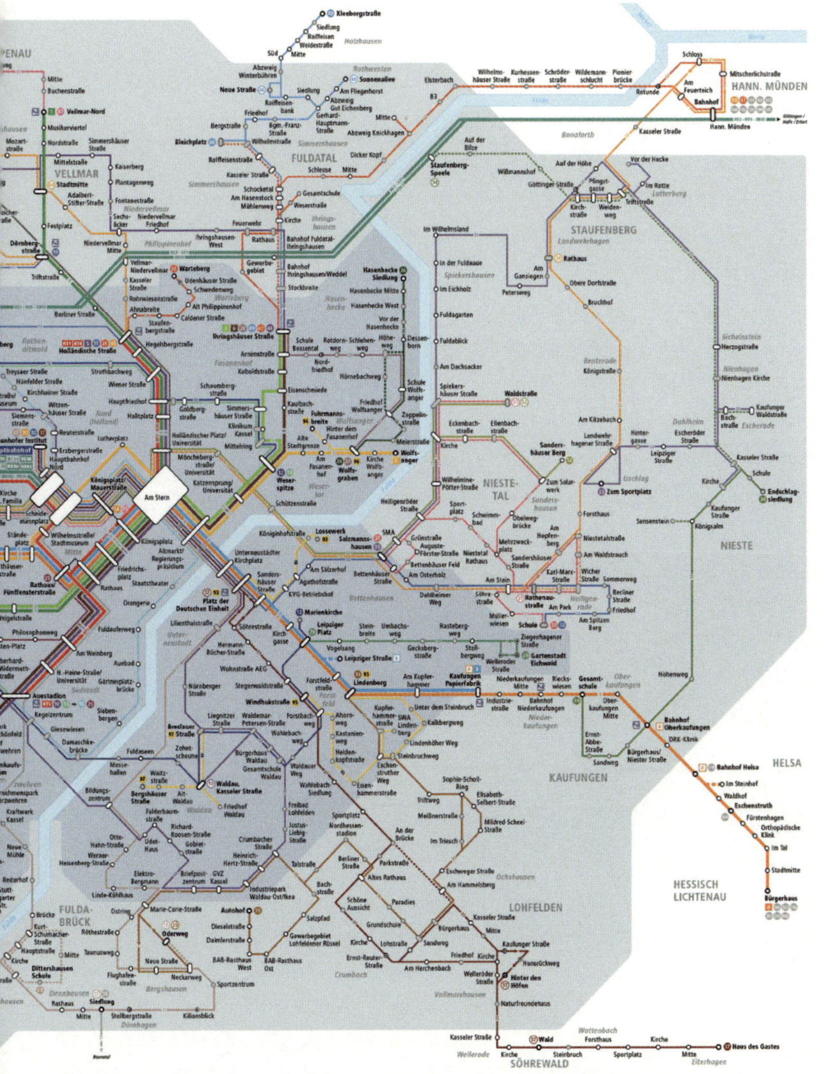

PLATZ FÜR NOTIZEN